U0550694

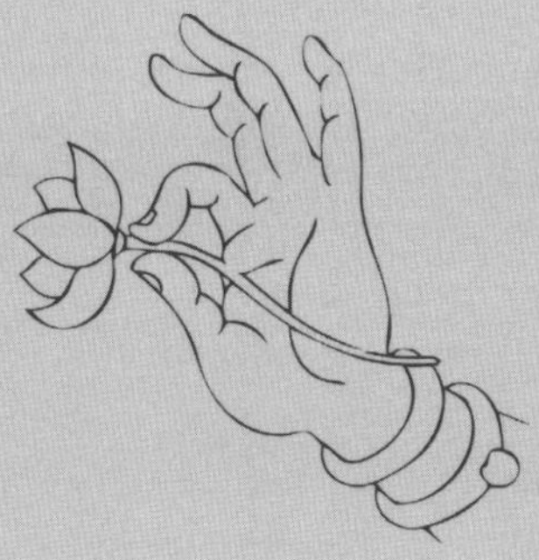

菩提本無樹，明鏡亦非台；
本來無一物，何處惹塵埃。

六祖壇經

〔唐〕六祖惠能　著

前言

《六祖壇經》亦稱《壇經》、《六祖大師法寶壇經》、《六祖法寶記》然而它的全稱是《南宗頓教最上大乘摩訶般若波羅蜜經六祖惠能大師於韶州大梵寺施法壇經》——是佛教禪宗六祖惠能說與弟子法海集錄的一部經典。

《六祖壇經》是佛教禪宗的一部重要經典，由禪宗六祖慧能所講述的，其弟子法海集錄。這部經典主要記載了慧能大師的生平事蹟和言教，集中體現了他的禪宗思想。

《六祖壇經》的核心思想是「直指人心，見性成佛」，它強調人們在現實生活中的覺悟和解脫，主張通過內心覺醒來超越對自我的執著。這部經典對禪宗南宗（曹洞宗）的興起和發展起到了重要作用，其教義成為該宗派的核心，影響了數百年來禪宗南宗的傳承。

《六祖壇經》分為三個部分：首先，是在大梵寺開示摩訶般若波羅蜜法，主要闡述了慧能關於般若波羅蜜法的教誨；其次，是回曹溪山之後，傳授無相戒，記錄了慧能傳授無相戒的內容；最後，是六祖與弟子之間的問答，展現了六祖與弟子之間的禪宗對話，體現了慧能的禪宗觀點和教學方法。

總而言之，《六祖壇經》是禪宗的主要經典之一，其教義深刻，對禪宗的發展和傳承產生了重要影響。

慧能大師的禪宗思想獨特之處——單刀直入，頓悟成佛——他主張舍離文字義解，而直澈心源。這種境界被他形容為「如人飲水，冷暖自知」。他認為，只要認識到自性，一旦悟透即可達到佛地。這與傳統的逐漸修行、漸進的方式有所不同。

以定慧為本——在慧能的禪法中，定是慧體，慧是定用，二者相輔相成，形成定慧一體觀。他強調內心的體認和觀悟，不同於北宗的教人靜坐看心，而是從無念著手，並不限於靜坐一途。

注重「無相」思想的運用——慧能大師特別重視「無相」的思想，認為禪的境界在於對事物和現象無所執著，從而體現出自性清淨的本質。

因此，慧能大師的禪宗思想注重內心的覺悟和體驗，強調頓悟和定慧的結合，同時提倡「無相」的觀念，這些都是其思想的重要且獨特的方面。

「心即是佛」是佛教中一種重要的思想，主要強調人的內心與佛性之間的關係。這一觀點源於佛教對於人性本善、人人皆有佛性的基本認識。

具體來說，「心即是佛」的思想認為——每個人的內心深處都蘊含著無盡的智慧和慈悲，只要通過正確的修行方法，就能夠喚醒內心的佛性，實現自我救贖和成佛的目標。這個過程不需要依賴外在的神靈或偶像，而是要通過內在的覺悟和修行來達到。

此外，「心即是佛」也強調了心性本空的觀念，即人的內心本質上是空靈的、無礙的，不受任何束縛和限制的。這種空靈的心態有助於人們超越世俗的煩惱和執著，達到解脫生死、證悟真理的境界。

在修行實踐中，「心即是佛」的思想鼓勵人們從內心深處去體悟生命的真諦和價值。通過保持清淨的心態、培養正念和智慧，逐漸消除內心的雜念和煩惱，最終實現心靈的淨化和成佛的目標。

「心即是佛」並不是否定外在的佛像和寺廟等象徵意義的事物，而是強調內在修行的重要性，並將其作為成佛的根本途徑。同時，這一思想也需要結合具體的修行方法和實踐來理解和運用。

目錄

〈行由品〉第一

六祖說法一開始就提出全書的總綱：「菩提自性，本來清淨。但用此心，直了成佛。」惠能大師明確地說：自性就是佛性。作為佛性，它本來就是清淨無染的。這個清淨無染的自性也就是我們成佛的依據。所以「但用此心」，就可以「直了成佛」。但一般人卻把眾生與佛對立起來，認為二者相差何止十萬八千里。其實「心、佛、眾生，三無差別。」只是由於眾生受到無始以來的無明遮障，所以才蒙蔽了本來自性。只要我們遠離無明妄念，清淨自性就自然會顯現出來。所以六祖啟示我們：學佛習禪並不是向外追求，而是要向內尋求，了達本來清淨的自性。一旦認識了本性，也就認識了佛性，便可頓悟成佛。

時❶，大師至寶林❷，韶州韋刺史❸與官僚入山，請師出。於城中大梵寺講堂，為眾開緣說法❹。師升座次，刺史、官僚三十餘人，儒宗學士三十餘人，僧尼、道俗一千餘人，同時作禮，願聞法要❺。

大師告眾曰：「善知識❻，菩提自性❼，本來清淨，但用此心，直了❽成佛。善知識，且聽惠能行由得法事意。」

惠能嚴父，本貫范陽❾，左降流於嶺南，作新州❿百姓。此身不幸，父又早亡，老母孤遺，移來南海⓫，艱辛貧乏，於市賣柴。時，有一客買柴，使令送至客店，客收去。惠能得錢，卻出門外，見一客誦經，惠能一聞經語，心即開悟，遂問：「客誦何經？」客曰：「《金剛經》。」復問：「從何所來，持此經典？」客云：「我從蘄州黃梅縣⓬東禪寺來，其寺是五祖忍大師⓭在彼主化，門人一千有餘，我到彼中禮拜，聽受此經。大師常勸僧俗：『但持《金剛經》，即自見性，直了成佛。』」惠能聞說，宿昔有緣⓮，乃蒙一客，取銀十兩與惠能，令充老母衣糧，教便往黃梅，參禮五祖。

【注釋】

❶ 當時，指惠能到寶林寺的時候。也有解釋說這個「時」是表示開始講述這部經典。大師：指惠能。寶林：寶林寺，曾名中興寺、法泉寺，宋朝叫南華寺，在廣東韶州（今韶關）南華山。

❷ 寶林：即寶林寺，在今廣東韶關南華山。

❸ 韶州韋刺史：刺史，官名。在韶州任地方行政官的韋璩，刺史是主管當地行政的官員的名稱。

❹ 開緣說法：緣是梵語意譯，即產生一種關係。慧能為大眾說法，就讓大眾與佛教結了緣。

❺ 法要：佛法的要義。

❻ 善知識：佛教術語，意指信仰佛教、掌握佛理而一心向善的人，這裡是指聽佛法的人。

❼ 菩提自性：菩提，梵語音譯，舊譯為道，新譯為覺，即覺悟。自性，即本性，禪認為每個人本來都有佛性。

❽ 直了：即頓悟，這是禪宗主張的修行覺悟法門。

❾ 本貫范陽：今北京大興縣宛平一帶。本貫作本官，意謂惠能的父體親原在范陽做官，但從《神會語錄》開始，范陽被寫成惠能的籍貫。

❿ 新州：今廣東南部新興縣。

⓫ 南海：今廣東佛山一帶。

⓬ 蘄州黃梅縣：蘄州，今湖北蘄州西北；黃梅，今湖北黃梅縣。

⓭ 五祖忍大師：弘忍，俗姓周，惠能之師，被後世禪宗尊為五祖（602～675年），湖北黃梅人。

⓮ 宿昔有緣：前世結下的緣分。

【譯文】

當時（唐高宗儀鳳二年春天），六祖惠能大師住在曹溪南華山寶林寺，韶州刺史韋璩和他的部屬入山禮請六祖到城裡的大梵寺講堂，為大眾廣開佛法因緣，演說法要。六祖登上講壇，刺史韋璩和部屬三十多人，以及當時學術界的領袖、學者等三十多人，僧人、尼姑、道士、俗人一千多人參加法會，眾人同時向六祖大師禮座，希望聽聞佛法要義。

惠能大師對大家說道：「善知識，每個人的菩提自性本來就是清淨的，只要用這個清淨的菩提心，當下就能了悟成佛。諸位，先聽我說我求法、得法的行由與經歷事略——

我的父親，祖籍范陽，後被降職流放到嶺南，於是做了新州的百姓。我自幼不幸，父親早逝，留下孤兒寡母，於是遷移到南海，生活艱辛，每天只靠賣柴來維持生計。一天，我在集市上賣柴，有一位客人買了柴後，讓我把柴送到客店裡。客人收到柴，我拿了錢，正要出門時，看到一人正在念經。我一聽他念的經文，心裡就感到有所領悟，於是就問：「客人念的是什麼經？」客人說：「《金剛經》。」我隨即又問：「客人從哪裡來，怎麼會修持這部經典？」客人說：「我從蘄州黃梅縣東禪寺來，禪宗五祖弘忍大師在主持教化，五祖門下弟子有一千多人，我到寺中拜弘忍為師，聽講領受了這部經典。弘忍大師經常勸告僧俗說：『只要信奉修持這部《金剛經》，就能發現自己的佛性，直接了悟成佛。』我聽客人說後，也許是前世緣分，就有一位客人送給我十兩銀子，讓我回家安置老母的衣食生活，以便我前往黃梅縣東禪寺去參拜五祖弘忍大師。

惠能安置母畢，即便辭違，不經三十餘日，便至黃梅，禮拜五祖。

祖問曰：「汝何方人，欲求何物？」

惠能對曰：「弟子是嶺南新州百姓，遠來禮師，惟求作佛，不求餘物。」

祖言：「汝是嶺南人，又是獦獠❶，若為堪作佛❷？」

惠能曰：「人雖有南北，佛性本無南北，獦獠身與和尚❸不同，佛性有何差別？」

五祖更欲與語，且見徒眾總在左右，乃令隨眾作務❹。

惠能曰：「惠能啟和尚，弟子自心常生智慧，不離自性，即是福田❺，未審和尚教作何務？」

祖云：「這獦獠根性大利❻，汝更勿言，著槽廠❼去。」

惠能退至後院，有一行者❽，差惠能破柴踏碓❾，經八月餘。

祖一日忽見惠能曰：「吾思汝之見可用，恐有惡人害汝，遂不與汝言，汝知之否？」

惠能曰：「弟子亦知師意，不敢行至堂前，令人不覺。」

【注釋】

❶ 獦獠：音同「葛僚」，是對西南方少數民族的蔑稱，借指沒有開化或沒有知識的人。可能當時惠能的穿戴像少數民族。

❷ 若為堪作佛：意即怎麼能成佛。

❸ 和尚：梵語音譯，尚也寫作上，本是印度稱老師的俗語，中國佛教中是對僧人的尊稱，泛化後則指出家的佛教徒，尊義漸減。

❹ 作務：幹活，做事情。

❺ 福田：即指能生福德之田。此處指農夫播種於田，比喻信佛、行善事的人也會有福報。

❻ 根性大利：根性，指修行、解悟能力。根性大利，心性中有信佛的因子，大利指領悟很快，這是讚美語。

❼ 槽廠：馬棚。

❽ 行者：指入寺而尚未正式落髮為僧，並承擔勞役的人；也指游方僧人。

❾ 踏碓：碓（音兌）是過去舂米的器具，一般為石制，配有杠桿原理的木槌，用腳

踩木槌將稻碾為米，故叫踏碓。

【譯文】

惠能將母親安頓好，立即離家趕赴黃梅，不到三十天，便到了黃梅，拜見了弘忍大師。

弘忍大師問道：「你是哪裡人氏，來這兒想得到什麼？」

惠能回答說：「弟子是嶺南新州人，遠道而來拜見您，只求成佛，別無他求。」

弘忍大師說：「你是嶺南人，又是沒有開化的獦獠，怎麼能成佛呢？」

惠能說：「人雖然分南方人和北方人，但佛性自身卻沒有南北之分。獦獠的肉身也許與和尚您有所不同，可是佛性本身有什麼差別呢？」

弘忍大師本想繼續與我深談，但看到徒弟們老圍在旁邊，於是就讓我隨大家一起去做事情。

惠能說：「大師，弟子從心裡經常產生智慧，能不離開自身所有的佛性，就是在耕種福田，不知大師叫我去做什麼事務？」

弘忍大師說：「你這蠻人根性倒很敏銳，你不必多說了，就到後院馬棚去幹活吧。」

惠能從弘忍大師那兒退到後院，有一位寺院勞役讓惠能劈柴舂米，就這樣一直待了八個月。

有一天，弘忍大師忽然來看惠能，對他說：「我知道你的見解很有道理，因怕有人暗害你，所以就沒有和你進一步談論，你知道嗎？」

惠能說：「弟子也清楚大師的意思，所以也不敢到前面講堂去，以免他人覺察到。」

祖一日喚諸門人總來：「吾向汝說，世人生死事大。汝等終日只求福田，不求出離生死苦海，自性若迷，福何可救？汝等各去，自看智慧，取自本心般若❶之性，各作一偈❷，來呈吾看。若悟大意，付汝衣法，為第六代祖。火急速去，不得遲滯。思量即不中用，見性之人，言下須見。若如此者，輪刀上陣，亦得見之。」

眾得處分，退而遞相謂曰：「我等眾人，不須澄心用意作偈，將呈和尚，有何所益？神秀[3]上座[4]，現為教授師[5]，必是他得；我輩謾作[6]偈頌，枉用心力。」

諸人聞語，總皆息心，咸言：「我等已後依止[7]秀師，何煩作偈。」

神秀思惟：「諸人不呈偈者，為我與他為教授師。我須作偈，將呈和尚。若不呈偈，和尚如何知我心中見解深淺。我呈偈意，求法即善，覓祖即惡，卻同凡心奪其聖位奚別？若不呈偈，終不得法，大難，大難。」

五祖堂前，有步廊三間，擬請供奉[8]盧珍畫《楞伽經變相》及《五祖血脈圖》，流傳供養。神秀作偈成已，數度欲呈。行至堂前，心中恍惚，遍身汗流，擬呈不得。前後經四日，一十三度，呈偈不得。

秀乃思惟：「不如向廊下書著，從他和尚看見，忽若道好，即出禮拜，云是秀作。若道不堪，枉向山中數年，受人禮拜，更修何道？」

是夜三更，不使人知，自執燈，書偈於南廊壁間，呈心所見。偈曰：

身是菩提樹，心如明鏡台，
時時勤拂拭，勿使惹塵埃。

秀書偈了，便卻歸房，人總不知。秀復思惟：「五祖明日見偈歡喜，即我與法有緣；若言不堪，自是我迷，宿業障重❾，不合得法，聖意難測。」房中思想，坐臥不安，直至五更。

【注釋】

❶般若：也作班若、波若、鉢若、般羅若等，是梵語音譯，大智慧，指對佛教特有的認知，獲得這種智慧就能達到解脫開悟。

❷偈：梵語意譯，又譯頌，四句整齊韻語，用於表達對佛法的一種理解、讚頌。又偈與竭意通，即攝盡其義之意，也就是完全概括了微言大義。

❸神秀：俗姓李，河南開封尉氏人。弘忍大師門下的上首弟子，後來受唐王朝禮遇，禪宗北宗的創立者。逝世後，詔謚為「大通禪師」。

❹上座：是指佛教寺院中的僧職名稱，唐以前的上座是全寺之長，唐以後禪宗寺院中的上座位於住持之下。

❺教授師：負責教授弟子的「軌範師」，專門給受具足戒的僧人教授威儀做法，即有關行、住、坐、臥方面的儀軌。

❻謾作：胡亂作。意思是自己作的偈子水準不高。

❼ 依止：仰仗追隨。依賴，追隨。

❽ 供奉：官名，指被皇室或朝廷所聘用的官員。

❾ 宿業障重：宿業，佛教指過去世所做的善惡業因。障，煩惱的異名。宿業障重，即過去世所做的惡業煩惱深重。

【譯文】

一天，弘忍大師把眾多門人都召集起來，對他們說：「人生在世最大的問題是生死，你們整日只知道通過修行來尋求來世的福報，而不想現世怎樣脫離生死苦海。如果你們迷失自己本性，修行的福德怎麼能拯救你們超脫苦海呢？你們回去，各自反觀智慧，從自己的內心發現般若之性，作一首體認佛法大意的偈，然後送上來給我看。如果有誰體認了佛法大意，我就把衣缽傳給他，讓他繼任第六代祖師。你們趕快去做，不得耽擱，冥思苦想是沒有用處的。體認了自身佛性的人，言談之間立刻覺悟。像這樣的人，就是操刀上陣，也能見到自身佛性。」

眾人得到吩咐後，回來互相議論說：「我們這些人用不著費心思勞神寫偈，即便寫成，呈送師父那又有什麼用處？上座神秀現在是教授師，祖師的衣缽一定是傳給他，我們亂作偈頌，簡直就是白白浪費心力。」

大家議論完後，都死了心，都說：「我們以後還要仰仗神秀禪師，為什麼還費心作偈。」

神秀心想：「眾人都不想作偈，是因為我是他們的教授師。我應該做偈子呈送給師父。如果不交，師父如何能知曉我心中見解的深淺呢？我向師父呈偈意在求佛法，如果是為了覓求祖位，那就是一種惡行，和凡夫用邪心去爭奪聖位又有什麼不同呢？如果我不呈偈，就始終得不到大法，這件事實在是教人為難！教人為難啊！」

在弘忍大師禪堂前有三間走廊，原本準備延請供奉盧珍來畫《楞伽經變相》和《弘忍大師血脈圖》，以便後世有所流傳，有所供養。神秀作偈完畢，曾經數度想呈送給弘忍大師，幾次走到禪堂前，總是神思恍惚，汗流全身，想呈又不敢呈，就這樣前後經過了四天，一連十三次也沒呈交上去。

神秀於是心想：「不如把偈寫在走廊的牆上，由弘忍師父自行看到。如果他看後稱道偈寫得好，我就出來禮敬叩拜，說是我神秀作的。如果師父說偈寫得不行，那就只能怪自己枉來山中數年，空受眾人恭敬禮拜，還修什麼道呢？」

就在當天夜裡三更時分，神秀趁別人不知，悄悄地走出房門，手持燈燭，把想好的偈寫在南走廊牆壁上，表達他對佛法的見解。偈是這樣說的：

身是菩提樹，心如明鏡台。

時時勤拂拭，勿使惹塵埃。

神秀寫完偈後，便回到自己的臥房，寺中大眾都不知道此事。神秀又在思忖：「弘忍大師明天看偈後，如果很高興，那就說明我和佛法有緣。如果說不好，自然是我自己心裡迷誤，前生的罪業深重，所以不該得法。弘忍大師的心意真是難以揣度。」神秀在房中左思右想，坐臥不安，一直到五更時分。

祖已知神秀入門未得，不見自性。天明，祖喚盧供奉來，向南廊壁間繪畫圖相，忽見其偈。報言：「供奉卻不用畫，勞爾遠來。經云：『凡所有相，皆是虛妄。』❶但留此偈，與人誦持。依此偈修，免墮惡道❷；依此偈修，有大利益。」令門人炷香❸禮敬，盡誦此偈，即得見性。

門人誦偈，皆歎：「善哉。」

祖三更喚秀入堂，問曰：「偈是汝作否？」

秀言：「實是秀作，不敢妄求祖位。望和尚慈悲❹，看弟子有少智慧否？」

祖曰：「汝作此偈，未見本性，只到門外，未入門內。如此見解，覓無上菩提，了不可得。無上菩提，須得言下識自本心，見自本性，不生不滅；於一切時中❺，念念❻自見，萬法無滯。一真一切真，萬境自如如❼。如如之心，即是真實。若如是見，即是無上菩提之自性也。汝且去，一兩日思惟，更作一偈，將來吾看汝偈，若入得門，付汝衣法。」

神秀作禮而出，又經數日，作偈不成，心中恍惚，神思不安，猶如夢中，行坐不樂。

復兩日，有一童子，於碓坊❽過，唱誦其偈。惠能一聞，便知此偈未見本性。雖未蒙教授，早識大意。遂問童子曰：「誦者何偈？」

童子曰：「爾這獦獠不知。大師言：『世人生死事大。』欲得傳付衣法，令門人作偈來看。若悟大意，即付衣法，為第六祖。神秀上座於南廊壁上，書《無相偈》。大師令人皆誦，依此偈修，免墮惡道。依此偈修，有大利益。」

惠能曰：「我亦要誦此，結來生緣。上人[9]，我此踏碓，八個餘月，未曾行到堂前，望上人引至偈前禮拜。」

童子[10]引至偈前禮拜。惠能曰：「惠能不識字，請上人為讀。」

時有江州別駕[11]，姓張名日用，便高聲讀。惠能聞已，遂言：「亦有一偈，望別駕為書。」

別駕言：「汝亦作偈？其事稀有！」

【注釋】

❶ 凡所有相，皆是虛妄：《金剛經》第五品中語。相，謂形體、相狀之義。不實為「虛」，不真為「妄」。原意是佛祖對須菩提說，佛祖所有的身相都是虛妄不實的，意思是一切皆空才是佛門真諦。

❷ 惡道：指三惡道，即地獄、餓鬼、畜生。眾生因所造惡業而轉生到極壞的去處。

❸ 炷香：焚香。炷是動詞。

❹ 慈悲：慈，與樂；悲，拔苦，所以慈悲就是與眾生同樂，救眾生苦難的一種菩薩情懷。

❺ 一切時中：猶言「時時刻刻」，指過去、現在和未來的一切時間。

❻ 念念：每一個念頭之間，指極短暫的時間。

❼ 萬境自如如：萬事萬物都真實、平等。

❽ 碓坊：舂米的房子。

❾ 上人：原指有過失而能自己改正的人，對德行高者的尊稱，後來逐漸成為對出家僧人的尊稱。此處是惠能對童子的尊稱。

❿ 童子：還沒有正式出家的少年，或小沙彌一類。

⓫ 別駕：官員，是刺史的佐官。

【譯文】

弘忍大師已經知道神秀還沒有真正悟到入佛道的法門，沒有自明佛性。天亮時，弘忍大師請了盧供奉，讓他在南走廊牆壁上繪製圖像，忽然看見神秀在牆上書寫的偈，便對盧供奉說：「供奉不用再畫了，勞你遠道而來。佛經中說：『所有的可見相，都是虛妄不實的。』就保留該偈，讓門人念誦修持。依照偈去修行，就能夠避免墮落三惡道了，並能獲得很大的修學好處。」於是，弘忍大師叫門人焚香禮敬，都來念誦這篇偈語，以便覺悟佛性。

眾門人念誦偈語，都感歎叫好。到三更時分，弘忍大師把神秀叫進禪堂內室，問他說：「那篇偈子是你作的嗎？」神秀回答說：「的確是我作的，我並不敢妄想追求祖師之位，只希望師父大發慈悲，看看弟子還有一點智慧嗎？」弘忍大師說：「你作的這篇偈子，並沒有見到佛性，還停留在門外，沒有進入門內。像這樣來尋覓最高的覺悟，那是不可能得到的，最高的覺悟，必須在言語之間當下就能認識自己的本心，發現自己的本性。達到無生無死的境界，在任何時候，在每一個念頭中，都能自覺認識，萬種事物和境界都達到統一而沒有一點滯礙；一樣真了，則樣樣都真，萬種事物和境界都是相同如一的，相同如一的心，就是真實的。如果能達到這樣的認識，就是獲得了最高覺悟的本性。你再思考一兩天，重新作一篇偈語，拿來給我看，你的偈語如果能覺悟入門，我就把衣缽法教都傳給你。」神秀向弘忍大師行禮後出來，又過了幾天，偈語也沒有作出來，心情恍恍惚惚，神思不安，好像在夢中一樣，行走坐臥都悶悶不樂。

又過了兩天，寺院中一個小童，從碓房門前經過，一邊走一邊唱誦神秀的偈語。我一聽，就知道這篇偈子沒有認識本性，雖然我並沒有接受過誰的教導，但早已懂了這首偈語的大意，就問小童說：「你念誦的是什麼偈子？」

童子回答說：「你這獦獠哪兒知道，大師說，世人最大的事是生死問題，想要把衣缽法教傳承下去，讓眾門人都作偈語給他看，如果能覺悟大意，就把衣缽法教傳給他，作第六代祖師。神秀上座在南邊廊壁上寫了這篇揭示萬物無相的偈語，大師讓眾人都來唱誦，按照這篇偈子來修持，以免墮落三惡道，照這篇偈子修持，可以獲得大好處。」

慧能說：「我也要念誦這篇偈語，好結下輩子的佛緣。上人，我在這兒踏碓舂米已經八個多月了，從來沒有到前面法堂去過，希望上人能引導我到偈語前禮拜。」童子就引導我到偈語前禮拜。我又說：「我不識字，請上人給我念一念。」這時正好有一個信佛的江州別駕官，姓張，名叫日用的在旁邊，就高聲朗誦這篇偈語給我聽。我聽了以後，就說：「我也有了一篇偈子，希望別駕替我寫到壁上。」別駕說：「你也能作偈語？這種事可是少有。」

惠能向別駕言：「欲學無上菩提，不得輕於初學。下下人有上上智，上上人有沒意智。若輕人，即有無量無邊罪。」

別駕言：「汝但誦偈，吾為汝書。汝若得法，先須度吾，勿忘此言。」

惠能偈曰：

菩提本無樹，明鏡亦非台，
本來無一物，何處惹塵埃。

書此偈已，徒眾總驚，無不嗟訝，各相謂言：「奇哉，不得以貌取人！何得多時使他肉身菩薩❶。」

祖見眾人驚怪，恐人損害，遂將鞋擦了偈，曰：「亦未見性。」眾以為然。

次日，祖潛至碓坊，見能腰石❷舂米，語曰：「求道之人，為法忘軀，當如是乎！」

乃問曰：「米熟也未❸？」

惠能曰：「米熟久矣，猶欠篩在。」

祖以杖擊碓三下而去❹。惠能即會祖意，三鼓入室。

祖以袈裟遮圍，不令人見。為說《金剛經》，至「應無所住而生其心」，惠能言下大悟：「一切萬法不離自性。」遂啟祖言：「何期自性，本自清淨；何期自性，本不生滅；何期自性，本自具足；何期自性，本無動搖；何期自性，能生萬法。」

【注釋】

❶ 肉身菩薩：雖然還是父母給予的肉身，但在精神上已經達到了菩薩的境界。佛教認為，肉身菩薩圓寂後可得全身舍利，舍利就是身骨，是有別於凡夫死人之骨，可分為三種：一是白色的骨舍利，二是黑色的髮舍利，三是赤色的肉舍利。佛門傳說六祖惠能、石頭、希遷、憨山等大師皆存全身舍利。

❷ 腰石：腰裡捆綁一塊石頭以增加身體重量，便於踏動舂米碓。

❸ 米熟也未：熟是舂好的意思。此處借煮飯，喻得道，意為得道覺悟沒有。

❹ 祖以杖擊碓三下而去：弘忍大師用杖擊碓三下，暗示三更時分與惠能相見。

【譯文】

我對張別駕說：「要學無上正覺，不可輕視初學。下下等的人也會有上上等的智能。上上等的人也會有沒心智的時候。如果隨便輕視人，就會有無量無邊的罪過。」

張別駕說：「那你把偈句念出來，我為你寫上。如果你得了法，務必先來度我，不要忘了我說的話。」

我說的偈句是：

菩提本無樹，明鏡亦非台，

本來無一物，何處惹塵埃。

這首偈寫就以後，弘忍大師的門下弟子們看後無不讚歎驚訝，相互議論說：「真是了不起啊，人的確不可貌相。為何才沒多久的時間，他竟然成就了肉身菩薩啊！」

弘忍大師見大家驚訝不已，恐怕有人對我不利，於是用鞋子把偈擦掉了，對大家說：「此偈也是沒有見性。」大家以為真是這樣。

第二天，弘忍大師悄悄來到碓坊，看見我腰上綁著石頭在舂米，就對我說：「追求佛道的人，為了求法而捨身忘己，就像這樣啊！」

接著又問我說：「米飯熟了沒有？」

惠能說：「米飯早已熟了，還欠一道篩的工序。」

弘忍大師用禪杖敲擊了石碓三下，就離開了。我當即明白弘忍大師的用意。當半夜三更鼓響時，惠能悄然來到大師的臥房。

弘忍大師用袈裟遮住門窗，不讓別人看見，為我講說起《金剛經》。當講到「應無所住而生其心」時，我當下就開悟了，證得「一切萬法不離自性」的真諦。於是就對弘忍大師說：「原來自性本來就是清淨；原來自性本來就不生也不滅；原來自性本來就是圓滿的；原來自性本來就是堅定不移的；原來自性本來就能產生萬事萬物。」

祖知悟本性，謂惠能曰：「不識本心，學法無益。若識自本心，見自本性，即名丈夫、天人師❶、佛。」

三更受法，人盡不知，便傳頓教❷及衣缽。云：「汝為第六代祖，善自護念，廣度有情❸，流布將來，無令斷絕。聽吾偈曰：

『有情來下種，因地果還生。
無情既無種，無性亦無生。』」❹

祖復曰：「昔達摩❺大師，初來此土，人未之信，故傳此衣，以為信體，代代相承。法則以心傳心，皆令自悟自解。自古佛佛惟傳本體，師師密付本心。衣為爭端，止汝勿傳，若傳此衣，命如懸絲，汝須速去，恐人害汝。」

惠能啟曰：「向甚處去？」

祖云：「逢懷則止，遇會則藏❻。」

惠能三更領得衣缽，云：「能本是南中人，素不知此山路，如何出得江口？」

五祖言：「汝不須憂，吾自送汝。」

【注釋】

❶丈夫、天人師：丈夫，如來有十號，其一叫調御丈夫。天人師，如來十號之一，意為天和人都尊佛為師。

❷頓教：頓悟成佛的教法。惠能弟子們稱惠能南宗禪法為「頓教」。頓教主張一旦體驗到自我的本性，就能頓時悟道成佛。

❸有情：梵語薩埵意譯，即眾生。佛教對包括人在內的一切有情識的生物的通稱。

❹「有情來下種」偈：前兩句說眾生沒有超脫有情，所以難脫因果報應的迴圈；後兩句說超脫有情而覺悟後就能達無性亦無生的佛教空諦境界。

❺達摩：也常寫作「達磨」，南天竺（今印度南部）人，一說波斯人，南北朝時來中國傳教，成為禪宗初祖。

❻逢懷則止，遇會則藏：懷，指懷集縣，今廣西梧州市。會，指四會縣，今廣東新會區。

【譯文】

弘忍大師知道慧能已經覺悟了自己的本性，就說：「如果不能認識自己的本心，學佛法也沒用；如果認識了自己的本心，見證了自己的本性，那就可以叫大丈夫、天人師、佛。」

慧能在半夜三更接受了弘忍大師傳法，沒有任何人知道。弘忍大師把頓教的法門和袈裟鉢盂都傳給了他，並說：「你將成為第六代祖師，要好好守護自己的心念，廣泛超度有情的眾生，使佛法永遠流傳，不要讓它中斷了。聽我的偈語：

『有情來下種，因地果還生。
無情亦無種，無性亦無生。』」

弘忍大師又說：「從前達摩大師剛來此地，人們還不信仰他，所以傳下來這件袈裟，作為佛教真傳的信物證據，一代一代互相傳承。其實佛法真諦，要以心傳心，都得自己覺悟，自己理解。自古以來前佛與後佛之間只是傳授本性的覺悟，每一代祖師交接也只是彼此會意本心的覺悟。袈裟是引起爭端的由頭，到你這兒就不要再傳這袈裟了，要是再傳這袈裟，你的性命就如遊絲一般危險了。你必須趕快離去，恐怕會有人加害於你。」

惠能問：「我去什麼地方？」

弘忍大師回答說：「遇到地名裡有『懷』字的地方，就住下來；遇到地名裡有『會』字的地方，就藏起來。」

慧能在三更天領受了袈裟鉢盂，又對祖師說：「我本來是南中人，一向不知道這裡的山路，怎麼樣才能走到江邊渡口呢？」

弘忍大師說：「你不用擔憂，我親自送你走。」

祖相送直至九江驛❶。祖令上船，五祖把櫓自搖。惠能言：「請和尚坐，弟子合搖櫓。」祖云：「合❷是吾渡汝。」惠能云：「迷時師度，悟了自度。度名雖一，用處不同。惠能生在邊方，語音不正。蒙師傳法，今已得悟，只合自性自度。」祖云：「如是！如是！以後佛法，由汝大行。汝去三年，吾方逝世。汝今好去，努力向南。不宜速說，佛法難起。」

惠能辭違祖已❸，發足南行，兩月中間，至大庾嶺❹，遂後數百人來，欲奪衣缽。

一僧俗姓陳，名惠明，先是四品將軍，性行粗糙，極意參尋❺，為眾人先，趁及惠能。惠能擲下衣缽於石上，曰：「此衣表信，可力爭耶。」能隱草莽中。惠明至，提掇❻不動，乃喚云：「行者！行者！我為法來，不為衣來。」

惠能遂出，盤坐石上。惠明作禮云：「望行者為我說法。」

惠能云：「汝既為法而來，可屏息諸緣❼，勿生一念，吾為汝說。」

明良久，惠能云：「不思善，不思惡，正與麼時，那個是明上座本來面目？」

惠明言下大悟，復問云：「上來密語密意外，還更有密意否？」

【注釋】

❶九江驛：今江西九江。

❷合：應該，理應。

❸辭違祖已：已，語氣虛詞，表示動作結束。辭違，告辭，離別。意謂和弘忍大師辭別了。

❹大庾（音搜）嶺：山名，是五嶺之一，在今江西省大庾縣南、廣東省南雄縣北，是古代南北交通的關口，也是一處地理分界標誌，過了嶺就屬於嶺南。本名塞上，又名梅嶺。

❺極意參尋：用盡一切心思追蹤尋找。

❻提掇：提取。

❼屏息諸緣：拋開一切雜念。

【譯文】

弘忍大師一直送我到九江驛，讓我上船，弘忍大師自己把櫓搖船。慧能說：「和尚請坐！弟子應該搖櫓。」

弘忍大師說：「應該是我渡你。」

慧能說：「迷的時候由師父度，悟了就要自己度；度的名稱雖然一樣，但它的用處不一樣。我生長在偏遠的地方，講話的語音不正，承蒙師父傳授心法，現已開悟，只應自性自度。」

弘忍大師說：「是的！是的！以後佛法要靠你弘傳。三年以後，我就要圓寂了，你要珍重，一直向南走，也不要急於說法，佛法是很難興盛起來的。」

慧能辭別了弘忍大師，動身向南方走，大約經過了兩個月的時間，到了大庾嶺。有數百人從後面追趕而來，想要奪取衣鉢。其中有一位僧人，俗姓陳，名叫惠明，在家時曾經做過四品將軍，性情粗魯，參禪求道的心卻很積極。他急著要追尋慧能大師，比其他人先一步追上了。慧能把衣鉢扔在石頭上，說：「這袈裟是代表傳法的信物，可以用暴力來爭奪嗎？」說完就隱避到草叢中。

惠明趕到，提拿衣鉢不動，於是，大聲喊道：「行者！行者！我是為求法而來，不是為奪衣鉢而來。」

於是，慧能從草叢中走出來，盤坐在石頭上。惠明作禮，說道：「希望行者為我說法。」

慧能說：「既然你是為求法而來，先要屏除心識中的一切緣影，不要使一念生起，我再為你說法。」

惠明默然而立。經過許久，慧能說：「不思量善，不思量惡，就在這時，哪個是明上座的本來面目？」

惠明在此言下忽然契悟，又再問道：「除了已經說過的密語、密意以外，還更有其他的密意嗎？」

惠能云：「與汝說者，即非密也。汝若反照，密在汝邊。」

明曰：「惠明雖在黃梅❶，實未省自己面目。今蒙指示，如人飲水，冷暖自知。今行者即惠明師也。」

惠能曰：「汝若如是，吾與汝同師黃梅。善自護持。」

明又問：「惠明今後向甚處去？」

惠能曰：「逢袁則止，遇蒙則居❷。」

明禮辭。

惠能後至曹溪❸，又被惡人尋逐。乃於四會❹，避難獵人隊中，凡經一十五載，時與獵人隨宜說法。獵人常令守網，每見生命，盡放之。每至飯時，以菜寄煮肉鍋。或問，則對曰：「但吃肉邊菜。」

一日思惟：「時當弘法，不可終遁。」遂出至廣州法性寺❺，值印宗法師❻講《涅槃經》❼。時有風吹幡❽動。一僧曰風動，一僧曰幡動，議論不已。

惠能進曰：「不是風動，不是幡動，仁者心動。」

一眾駭然。印宗延至上席，征詰奧義。見惠能言簡理當，不由文字。宗云：「行者定非常人，久聞黃梅衣法南來，莫是行者否？」

惠能曰：「不敢！」

宗於是作禮，告請傳來衣缽，出示大眾。宗復問曰：「黃梅付囑，如何指授？」

惠能曰：「指授即無，惟論見性，不論禪定解脫。」

宗曰：「何不論禪定解脫？」

惠能曰：「為是二法，不是佛法，佛法是不二❾之法。」

宗又問：「如何是佛法不二之法？」

惠能曰：「法師講《涅槃經》，明佛性，是佛法不二之法。如高貴德王菩薩❿白佛言：『犯四重禁⓫，作五逆罪⓬，及一闡提⓭等，當斷善根佛性否？』佛言：『善根有二，一者常，二者無常。佛性非常非無常，是故不斷，名為不二。一者善，二者不善，佛性非善非不善，是名不二。』蘊之與界⓮，凡夫見二，智者了達，其性無二。無二之性，即是佛性。」

【注釋】

❶黃梅：湖北省黃梅縣，弘忍所在地，可代指弘忍。

❷逢袁則止，遇蒙則居：袁指袁州，今江西省宜春縣；蒙，袁州的蒙山。意即遇到地名中有「袁」字的地方就停下來，遇到地名中有「蒙」字的地方就居住下來。

❸曹溪：由於惠能曾在此傳法，所以「曹溪」成為禪宗南宗的代稱。其在今廣東的

韶關市南。

❹四會：今廣東新會縣。

❺法性寺：在廣州故城西北，唐代寺名，宋以後改稱廣孝寺。

❻印宗法師：唐代僧人，精通《涅槃經》，吳郡（今江蘇吳縣）人，開元元年（713年）去世。

❼《涅槃經》：全稱《大般涅槃經》，主要教義是「一切眾生，悉有佛性」。

❽幡：佛教的法物，寺院裡的旗子，窄長垂直掛起。

❾不二：也稱「無二」、「離兩邊」，也是「真如」、「佛性」的別名。

❿高貴德王菩薩：全稱「光明遍照高貴德王菩薩」，《涅槃經》（卷21）中有有關此菩薩的描述。

⓫四重禁：即殺生、偷盜、邪淫、妄語，四重罪，犯了這四戒被認為是極重罪。

⓬五逆罪：罪惡之極逆於常理，又叫五無間業，一般指殺父、殺母、殺阿羅漢、破和合僧、出佛身血這五種逆惡之罪。

⓭一闡提：佛教稱斷絕善根，不信佛教之極惡人為一闡提。

⓮蘊之與界：亦稱陰界，即指五蘊與十八界。

【譯文】

我回答說：「我對你說了，就不再是秘密了。你如果能用它來觀照自己，秘密就在你那兒了。」

惠明說：「惠明雖然在黃梅修行，卻並沒有省察到自己的本性。今天承蒙您指導教誨，好像人喝水一樣，冷和暖只有自己知道。現在行者您就是我惠明的師父了。」

我回答說：「你要是這樣想，我和你都是以黃梅五祖為師，咱們共同努力維護佛法吧。」

惠明又問我說：「惠明今後該到哪兒去呢？」我回答說：「逢袁則止，遇蒙則居。」惠明向我行禮後告辭而去。

我後來到了曹溪山，又被惡人追趕。於是，就在四會避難，隱藏在獵人隊中十五年。這段時間，我常常對獵人講說佛法。獵人們常叫我看守獸網，我每次看到動物落網，便將它們統統放生。每到吃飯的時候，我都要放一把蔬菜煮在肉鍋裡，有人問我，我就說：「我只吃肉旁邊的菜。」

一天，我暗自在想：「現在是弘揚佛法的時候了，不能永遠隱遁下去。」於是，我出山離開了獵人的隊伍，來到廣州法性寺。正逢印宗法師在講解《涅槃經》。當時有一陣風吹來，旗幡隨風飄動。一僧人說風動，另一僧人說幡旗在動，兩個人為此爭論不休。

我走上前去說：「不是風動，也不是幡動，是仁者的心在動。」

大眾聽到了，都十分驚訝。印宗法師把我請到尊位，請我講解佛法的大義。見我言語簡練，說理透徹，印宗法師便問道：「行者一定不是平常的人，很早就聽說黃梅五祖的衣法已經傳到南方，莫非就是行者嗎？」

我說：「不敢！」

於是，印宗向我施禮，請我把弘忍法師傳授的衣鉢，拿出來給大家看。印宗法師接著又問：「黃梅弘忍大師傳付衣法時，有什麼指示嗎？」

我說：「指示是沒有，只講見性，不講修禪定得解脫。」

印宗法師問：「為什麼不講修禪定得解脫呢？」

我說：「因為修禪定、解脫是二法，並不是佛法，佛法是沒有分別對待的不二法門。」

印宗法師又問：「什麼是佛法的不二法門呢？」

我說：「法師，你講的《涅槃經》，闡明佛性就是佛法不二法門。譬如高貴德王菩薩對佛說：『犯四重禁、五逆罪和不信佛法的一闡提，是否就永斷他們的善根和佛性了嗎？』佛回答說：『善根有二種，一是常，二是無常，佛性不是常也不是無常，所以不會斷絕，這就名為不二法門。一是善，二是不善，佛性是非善也非不善，因此名為不二之法。』再說五蘊和十八界，凡夫見之為二，有智能的人通達事理，知其性本無二無別，無二無別的性就是佛性。」

印宗聞說，歡喜合掌❶，言：「某甲❷講經，猶如瓦礫；仁者論義，猶如真金。」於是，為惠能剃髮，願事為師。惠能遂於菩提樹下，開東山法門❸。

惠能於東山得法，辛苦受盡，命似懸絲。今日得與使君、官僚、僧尼、道俗同此一會，莫非累劫之緣，亦是過去生中供養諸佛，同種善根，方始得聞無上頓教、得法之因。教是先聖所傳，不是惠能自智。願聞先聖教者，各令淨心。聞了各自除疑，如先代聖人無別。

一眾聞法，歡喜作禮而退。

【注釋】

❶合掌：左右手併攏對合，表示施禮，也稱「合十」。

❷某甲：這裡指自己，也可以指他人。

❸東山法門：東山，指湖北黃梅縣雙峰山的馮茂山，該山在黃梅縣境東。弘忍大師曾於此弘教，故稱其禪法為「東山法門」。

【譯文】

印宗法師聽我說法以後，滿心歡喜，合掌施禮說：「我講經，就像瓦礫，而仁者您講經論義，就像真金。」於是，印宗法師為我落髮受戒，並願拜我為師。我於是就在菩提樹下開講東山頓悟法門。

我自從在東山得法以後，受盡辛苦，生命時刻處在危險之中。今天能夠和刺史官僚及僧尼、道俗同在此法會中，無非是多劫以來所結的法緣，也是宿昔供養諸佛，共同種下的善根，方能聽聞這頓教得法的因緣。教法是過去的聖人所傳下來的，並不是我一個人的聰明智能。願意聽聞古聖教法的，各自先行淨心；聽完之後，各自去除疑惑，就像過去的聖人一樣沒有差別了。

大家聽了我的解說經法，十分高興，作禮而去。

〈般若品〉第二

本品提出眾生當前心性，即是般若真空，若能於一切法不取不舍，般若即生，故修行必須「自識本心，自見本性。」由此對出世的佛法提出了全新的看法：「佛法在世間，不離世間覺；離世覓菩提，恰如求兔角。正見名出世，邪見名世間；邪正盡打卻，菩提性宛然。」

要悟真正的虛空，就要得般若智慧，就要依《金剛般若波羅蜜經》修行。因為此經是專門為那些發下了大乘願望和最上乘心願的人所說的。是最直接的、最根本的道路。他的根本核心是：「應無所住而生其心」。不執不貪，不取不舍，一切自性成就。這樣的人生觀和世界觀，就能夠讓我們成就大道而做佛為祖。

次日，韋使君請益❶，師升座，告大眾曰：「總淨心念『摩訶般若波羅蜜多』❷。」

復云：「善知識，菩提般若之智，世人本自有之，只緣心迷，不能自悟，須假大善知識，示導見性。當知愚人智人，佛性本無差別，只緣迷悟不同，所以有愚有智。吾今為說摩訶般若波羅蜜法，使汝等各得智慧。志心諦聽，吾為汝說。

「善知識，世人終日口念般若，不識自性般若，猶如說食不飽，口但說空，萬劫不得見性，終無有益。

「善知識，摩訶般若波羅蜜是梵語，此言大智慧到彼岸。此須心行，不在口念。口念心不行，如幻如化，如露如電。口念心行，則心口相應。本性是佛，離性無別佛。

「何名摩訶？摩訶是大，心量廣大，猶如虛空，無有邊畔，亦無方圓大小，亦非青黃赤白，亦無上下長短，亦無瞋無喜，無是無非，無善無惡，無有頭尾。諸佛剎土❸，盡同虛空。世人妙性本空，無有一法可得。自性真空，亦復如是。

「善知識，莫聞我說空，便即著空。第一莫著空，若空心靜坐，即著無記空❹。

「善知識，世界虛空，能含萬物色像，日月星宿，山河大地，泉源溪澗，草木叢林，惡人善人，惡法善法，天堂地獄，一切大海，須彌諸山❺，總在空中。世人性空，亦復如是。

「善知識，自性能含萬法是大，萬法在諸人性中。若見一切人惡之與善，盡皆不取不舍，亦不染著，心如虛空，名之為大，故曰，『摩訶』。」

【注釋】

❶請益：意思是已經得到教益，還有所請教。

❷摩訶般若波羅蜜多：即佛教大智慧到達彼岸之意。摩訶，是大的意思；般若，智慧；波羅蜜，到彼岸。

❸剎土：意譯為土田，即國土的意思，略稱剎。

❹無記空：佛教術語，事物的性體不可記為善，也不可記為惡，稱為無記空。

❺ 須彌諸山：須彌山，是古代印度神話中的大山，為佛教所採用。「須彌諸山」即指佛教所名的各個「世界」的須彌山，通常用須彌山比喻十分龐大。

【譯文】

第二天，韋刺史請我接著講佛法。我坐到講壇上，對大眾說：「請大家讓心靈清淨，然後念頌：摩訶般若波羅蜜多。」

我接著說：「善知識，菩提般若智慧，世人本來自身都具有，只由於心受迷惑，無法自己開悟，這才需要靠更高智慧的人，予以開導啟示來認識佛性。應當指出的是愚人和智者，他們的佛性是沒有差別的，只因迷惑和覺悟的不同，才有的愚蠢有的智慧。我現在為你們講說摩訶般若波羅蜜法，讓你們都各自獲得智慧，諸位要專心致志地聽，我現在為你們說。」

善知識們，世人終日口念誦般若經，卻不認識自身本性的般若，就像是整天念叨食物名稱，最終不能飽一樣。只是口頭不停地說空，卻不心行，則雖歷千萬劫數也不得見性，最終是沒有益處的。

摩訶般若波羅蜜多是梵語，漢語的意思是有大智慧能到達彼岸。這是需要用心體會的，不在於口裡念叨，只是口裡空念而不用心體會不行，那就像夢幻、虛妄，像露水、閃電。口裡念誦，心想力行，那就能心和嘴相應。人的本性就是佛，離開了人的本性就沒有其他的佛。什麼叫摩訶？摩訶就是大，人的心胸度量之廣大，就像虛空一樣，沒有邊際，也沒有方圓大小，既不是青黃紅白，也沒有上下長短，沒有惱怒沒有歡喜，沒有是也沒有非，沒有善也沒有惡，沒有頭也沒有尾，諸佛所在的淨土就像虛空一樣無所不在。世人的靈妙本性本來就是空，並沒有一種法則可以得到。所謂自我本性乃是真空，也是這個意思。

善知識們，不要聽我講空，你們就執著於空，第一重要的是不要執著於空。如果執著於空而坐禪，那就落入無記空的境地。

善知識們，世界虛空，能含容萬物的種種色像：日、月、星宿，山、河、大地，泉源、溪澗，草木、叢林，惡人、善人，惡法、善法，天堂、地獄，一切大海，須彌諸山，全都含藏在虛空之中。世人的妙性真空，含藏萬法也是如此。

善知識們，自性能含藏萬法，這就是大，萬法就在每個人的自性之中。如果見到任何人，無論是善是惡，全都能不取不舍，也不染著，心境朗照如同虛空，就稱之為大，所以梵語叫做摩訶。

「善知識，迷人口說，智者心行。又有迷人，空心靜坐，百無所思，自稱為大。此一輩人，不可與語，為邪見故。

「善知識，心量廣大，遍周法界❶，用即了了分明，應用便知一切。一切即一，一即一切，去來自由，心體無滯，即是般若。

「善知識，一切般若智，皆從自性而生，不從外入。莫錯用意，名為真性自用。一真一切真。心量大事❷，不行小道。口莫終日說空，心中不修此行，恰似凡人，自稱國王，終不可得，非吾弟子。

「善知識，何名般若？般若者，唐言❸智慧也。一切處所，一切時中，念念不愚，常行智慧，即是般若行。一念愚即般若絕，一念智即般若生。世人愚迷，不見般若。口說般若，心中常愚。常自言我修般若，念念說空，不識真空。

「般若無形相，智慧心即是。若作如是解，即名般若智。

「何名波羅蜜？此是西國語❹，唐言到彼岸，解義離生滅。著境生滅起❺，如水有波浪，即名為此岸。離境無生滅，如水常通流，即名為彼岸，故號波羅蜜。

「善知識，迷人口念，當念之時，有妄有非。念念若行，是名真性。悟此法者，是般若法；修此行者，是般若行。不修即凡，一念修行，自身等佛。

「善知識，凡夫即佛，煩惱即菩提。前念迷即凡夫，後念悟即佛。前念著境即煩惱，後念離境即菩提。」

【注釋】

❶法界：一方面指事物和現象的本源和本質，另一方面泛指一切事物和現象。

❷心量大事：是說開發真如心量，是轉迷開悟的大事。心量，指遠離一切所緣、能緣，而無住於心的真如心量。大事，指轉迷開悟之事。

❸唐言：唐朝時，聲威遠揚，稱漢語為唐言。

❹西國語：指印度語言，即梵語。

❺著境生滅起：境，指人的感覺和思維器官所感知和認識的物件，泛指一切認識物件。意思是由於人們追求一切外在的現象，產生了行為、語言和思想方面的「錯誤」行動，繼而引起生死輪回。

【譯文】

「善知識們，迷而不悟的人只是口說，悟了的智者則能心行。又有一類迷而未悟的人，死心靜坐，什麼也不想，自以為這就是大。這樣的人不足以和他說『摩訶般若』之法，因為他們已經落入了邪見的謬誤。」

「善知識們，心的度量十分廣大，可以進入到無所不包無所不到的萬有境界中。心的作用是了了分明的，運用它就能知曉一切。一切就是一，一就是一切，去和來都很自由，心的本質在於無阻無滯，這就是般若。」

「善知識們，一切般若智慧，都是從自性中出生，不是從外面得來，不要錯用了心思！這就叫作真性自用。一法真即一切法皆真。心要用於開發真如自性，轉迷為悟的大事，不要在空心靜坐等小道上用功，更不要整天口中說空，而心中不修真空之行！這就好像一個平民百姓，自稱自己是國王，終究不是真。這種人不是我的弟子。

「善知識們，什麼叫般若？般若的意思，漢語中叫智慧。在一切地方，一切時刻，每一心念中都不愚蠢，總是以智慧來處理一切事情，這就是修行般若。有一個念頭愚蠢，般若就斷絕了；有一個念頭智慧，般若就產生了。世俗人太愚昧迷惑，不能認識般若，嘴裡說般若，心裡面卻總是很蒙昧，經常自我誇耀說在修行般若，每個念頭都執著於空，卻不能認識真正的空。

「般若是無形無相的，就是智慧心，能夠這樣理解，就叫般若智慧。

「什麼叫波羅蜜？這是西方國家的話語。漢語的意思是到達彼岸，它表達的意義是離開生又離開死而獲得解脫。如果執著世俗境界就會有生和死的概念，就像水有波浪一樣，有了生死觀就名叫此岸；離開了世俗境界就沒有了生死觀，就像水永遠在流動，就名叫彼岸，這就叫波羅蜜。」

「善知識們，迷而不悟的人只知道口念；但是念的時候，心中有妄有非。若能念念心行，才是真實不虛的真如法性。悟得這個法的是般若法；修持這種行的是般若行。不能如是修行，就是凡夫俗子；若能一念悟修，自身當體即與佛平等無異。」

「善知識們，凡夫即是佛，煩惱即是菩提。前一個念頭迷惑了就是凡夫，後一個念頭覺悟了就是佛。前一個念頭執著於世俗境界就是煩惱，後一個念頭離開了世俗境界就是菩提。」

「善知識，摩訶般若波羅蜜，最尊最上最第一，無住無往亦無來，三世諸佛❶從中出。當用大智慧，打破五蘊、煩惱、塵勞，如此修行，定成佛道，變三毒❷為戒、定、慧❸。

「善知識，我此法門，從一般若生八萬四千智慧。何以故？為世人有八萬四千塵勞❹。若無塵勞，智慧常現，不離自性。悟此法者，即是無念，無憶無著，不起誑妄，用自真如性，以智慧觀照，於一切法，不取不舍，即是見性成佛道。

「善知識，若欲入甚深法界及般若三昧❺者，須修般若行，持誦《金剛般若經》，即得見性。」

【注釋】

❶三世諸佛：三世：過去、現在、未來。這裡的「三世諸佛」泛指一切佛。

❷三毒：即貪、嗔、癡。佛教認為三毒是人生煩惱的根本原因。

❸戒、定、慧：所謂三學，是針對三毒的對症下藥。要求修道者遵守戒律，防非止惡；凝神靜慮，觀照佛理，修習禪定；修行般若智慧，斷除疑惑，達到解脫。

❹塵勞：指人們迷戀世間的萬事萬物所造成的有礙於解脫的世俗的煩惱，與「煩惱」意思相近。

❺三昧：正定，專注一境。

【譯文】

「善知識們，摩訶般若波羅蜜，是最尊貴的至高無上的最第一的佛法，它無住、無來、無往，過去、現在和未來三世的佛都是從這裡產生的。應當運用大智慧打破五蘊、煩惱、塵勞，如果這樣去修行，一定能成就佛道，使貪、嗔、癡三毒變成戒、定、慧。」

「善知識們，我這個法門，要從一個般若中生出八萬四千種智慧。是什麼原因呢？因為世人有八萬四千種煩惱，如果世人沒有煩惱，般若智慧就會常常顯現而不離開自己的本性。領悟了這個佛法的人，就沒有妄念，既沒有思量又沒有執著，不起誑妄之心，而是運用自己的真如佛性，用智慧觀照一切，對一切萬物，既不索取也不舍棄，這就認識到了人的本性而成就佛道了。」

「善知識們，如果想要進入甚深的一真法界及般若正定的人，必須修持般若行，持誦《金剛般若波羅蜜經》，就可以認識到自己本來具有的佛性。」

「當知此經功德，無量無邊。經中分明讚歎，莫能具說。此法門是最上乘，為大智人說，為上根人說。小根小智人聞，心生不信。何以故？譬如天龍下雨於閻浮提❶，城邑聚落，悉皆漂流，如漂棗葉。若雨大海，不增不減。若大乘人，若最上乘人，聞說《金剛經》，心開悟解，故知本性自有般若之智。自用智慧，常觀照故，不假文字。譬如雨水，不從天有，元是龍能興致，令一切眾生，一切草木，有情、無情，悉皆蒙潤，百川眾流，卻入大海，合為一體。眾生本性般若之智，亦復如是。

「善知識，小根之人聞此頓教，猶如草木根性小者，若被大雨，悉皆自倒，不能增長。小根之人，亦復如是。元有般若之智，與大智人更無差別，因何聞法不自開悟？緣邪見障❷重，煩惱根深。猶如大雲覆蓋於日，不得風吹，日光不現。般若之智，亦無大小，為一切眾生自心迷悟不同。迷心外見，修行覓佛，未悟自性，即是小根。若開悟頓教，不執外修，但於自心常起正見，煩惱塵勞，常不能染，即是見性。

「善知識，內外不住，去來自由，能除執心，通達無礙。能修此行，與《般若經》本無差別。

「善知識，一切修多羅❸及諸文字，大小二乘、十二部經❹，皆因人置。因智慧性，方能建立。若無世人，一切萬法本自不有。故知萬法本自人興，一切經書，因人說有。緣其人中，有愚有智。愚為小人，智為大人。愚者問於智人，智者與愚人說法。愚人忽然悟解心開，即與智人無別。」

【注釋】

❶閻浮提：梵語音譯，意譯是南贍部洲，又叫贍部洲。閻浮，本為樹名，因土地上生此樹，所以大地的地名以之為名。

❷障：佛教把有礙於修行佛道的一切思想、言論和行為都稱作「障」。

❸修多羅：又譯「契經」，指佛經中的長行直說。

❹十二部經：也稱「十二分教」，在佛教典籍中，「十二部經」泛指一切佛典。

【譯文】

「應當知道這部經的功德，那是無量無邊的，在經典中的讚歎已經說得明白，不需要具體解說了。經中說的法門，是最上乘的方法，是專為具有大智慧的人說的，為有大根器的人說的。小根器小智慧的人聽到了，心中是不會相信的。為什麼呢？比如天龍在閻浮提大地降暴雨，城鎮村落都會在雨水中浸淫損壞，好像棗葉漂流一般。但雨水流入大海，大海既不會增加也不會減少。假如是具有大乘智慧的人，最上乘智慧的人，只要是聽到《金剛經》，就會心竅大開。由此可以知道，每個人的本性中本來就具有般若智慧，這是經常運用智慧觀照所得，而不是假借語言文字而成。譬如降雨，不是從天而有，原是龍能興雲致雨，讓一切眾生、一切草木、有情無情，統統蒙受潤澤。百川眾流注入大海中，與海水合為一體，眾生本性中般若智能也是如此。

「善知識們，小根性的人聽聞此頓教法門，猶如草木一樣，根性小的，如果被大雨一淋，就會全部倒下，不能繼續生長。小根性的人，聽聞大法的情形也是這樣。他們原有的般若智慧，和大智慧的人並沒有差別，為甚麼聞此頓教法門不能開悟呢？因為他們執著邪見，所知障重（障即身、口、意所造作的不善行為），煩惱習氣根深蒂固，好像密雲遮蔽了日光，沒有風來把雲吹散，日光就不能透現出來。般若智慧，人人本來具足，沒有大小之分，只因為一切眾生自心有迷悟的不同所致。心有迷惑，向外求法，離心覓佛，不能悟見自性，這就是小根性的人。如果領悟頓教法門，不向心外執著修行，只在自己心中經常生起正見，一切煩惱塵勞不能染著，這就是見到自性。

「善知識們，對內外境都不執著，來去自由，能夠遣除執著心，通達無我，沒有障礙，能這樣去修行，就和《般若經》所說的沒有什麼差別了。

「善知識們，一切經典、所有文字、大小二乘教、十二部經，都是因人施設的，由於智慧本性，才能建立。如果沒有世人，自然也就沒有一切萬法。由此可知，一切萬法原是由世人所興設，一切經書由於人說才會有。因為世人之中有愚有智，愚昧的稱為小人，有智慧的稱為大人。愚昧的人向有智能的人請教，有智能的人對愚昧的人說法；庸愚的人如果忽然領悟理解、心地開朗，就和有智慧的人沒有差別。」

「善知識，不悟即佛是眾生；一念悟時，眾生是佛。故知萬法盡在自心。何不從自心中，頓見真如本性？

「《菩薩戒經》❶云：『我本元自性清淨。』若識自心見性，皆成佛道。《淨名經》❷云：『即時豁然，還得本心。』

「善知識，我於忍和尚處，一聞言下便悟，頓見真如本性。是以將此教法流行，令學道者頓悟菩提，各自觀心，自見本性。

「若自不悟，須覓大善知識，解最上乘法者，直示正路。是善知識有大因緣，所謂化導令得見性。一切善法，因善知識能發起故。三世諸佛，十二部經，在人性中本自具有。不能自悟，須求善知識，指示方見。

「若自悟者，不假外求。若一向執謂須他善知識方得解脫者，無有是處。何以故？自心內有知識自悟。若起邪迷，妄念顛倒，外善知識雖有教授，救不可得。若起正真般若觀照，一剎那間，妄念俱滅。若識自性，一悟即至佛地❸。

「善知識，智慧觀照，內外明徹，識自本心。若識本心，即本解脫。若得解脫。即是般若三昧。般若三昧即是無念。何名無念？知見一切法，心不染著，是為無念。用即遍一切處，亦不著一切處。但淨本心，使六識❹出六門❺，於六塵❻中無染無雜。來去自由，通用無滯，即是般若三昧，自在解脫，名無念行。若百物不思，當令念絕，即是法縛，即名邊見❼。」

【注釋】

❶《菩薩戒經》：佛教戒律書。《梵網經》中的《菩薩心地戒品第十》，共兩卷。此經主要講大乘佛教的十重戒和四十八輕戒。

❷《淨名經》：《維摩詰所說經》的另一個名稱，也稱《維摩經》。

❸佛地：佛教把修行成道的過程劃分為十個階位，即十地。佛地為菩薩修行所要達到的最終果位。

❹六識：眼識、耳識、鼻識、舌識、身識、意識。

❺六門：指眼、耳、鼻、舌、身、意等六種感覺和思維器官，也稱「六根」。

❻六塵：即色、聲、香、味、觸、法，指眼、耳、鼻、舌、身、意等六識所感覺認識的六種現象，也稱「六境」。

❼邊見：片面極端的見解。

【譯文】

「善知識們，不開悟時佛也是眾生，一念開悟眾生也是佛。因此，萬種佛法都在人自己心中。為什麼不從自己的心中頓悟從而認識真如的本性呢？

「《菩薩戒經》說：『我本來的自性就是清淨的。』如果能從自己的本心認識佛性，就能自己成就佛道。《維摩經》說：『瞬間豁然貫通，就復歸自己的本心。』

「善知識們，我在弘忍師父那裡，一聽到他講佛法立刻就覺悟了，頓時認識到了真如本性。因此我將這種教法宣傳流布，讓學佛道的人頓悟菩提，各自審視自己的內心，各自認識自己的本性。

「如果自己不能自悟，必須尋訪大善知識，也就是理解最上乘法的人，直接指示正路。這善知識有大事因緣，就是所謂『教化示導，令眾生得見自性』，因為一切善法能夠由善知識發起的原故。在人的自性中，本來就具足三世諸佛、十二部經，如果愚迷而不能自悟，必須請求善知識的指示方能得見。

「如果能自悟見性的人，自然不須向心外求覓；如果一味執著『必須靠善知識，以期得到解脫』，那是錯誤的。為什麼呢？眾生自心內原有般若智慧可以自悟。如果另起邪見，迷自本心，顛倒妄想，心外的善知識雖然給予教導，也是無法得救。如果能夠生起真正的般若觀照，一剎那間，妄念即能完全熄滅；如果能識得自性，這一悟便可以直入佛地。

「善知識們，用智慧觀照，就能裡外光明澄澈，就可以體認自己的本心。如果認識了自己的本心，即是得到本來無礙的自在解脫。得到瞭解脫，就是懂得了般若的奧妙。體悟了般若的奧妙，也就是對於所知所見的一切諸法，心不染著。這個『一念不生』，應用時能遍及一切處，卻又不滯著於一切處。只要清淨本心，使六識出六根門頭，於六塵境中不起絲毫雜染妄念，出入來去自由自在，通暢自如，運用萬端，無滯無礙，這就是般若三昧，自在解脫，叫作無念行。如果一味執著什麼都不去思考，當使心念斷絕，這就是法縛，也叫作邊見。」

「善知識，悟無念法者，萬法盡通；悟無念法者，見諸佛境界；悟無念法者，至佛地位。

「善知識，後代得吾法者，將此頓教法門，於同見同行，發願受持，

如事佛故，終身而不退者，定入聖位。然須傳授從上以來默傳❶分付，不得匿其正法。若不同見同行，在別法中，不得傳付，損彼前人，究竟無益。恐愚人不解，謗此法門，百劫千生，斷佛種性❷。

「善知識。吾有一《無相頌》，各須誦取。在家出家，但依此修。若不自修。惟記吾言，亦無有益。聽吾頌曰：

說通及心通，如日處虛空。惟傳見性法，出世破邪宗。
法即無頓漸，迷悟有遲疾。只此見性門，愚人不可悉。
說即雖萬般，合理還歸一。煩惱暗宅中，常須生慧日。
邪來煩惱至，正來煩惱除。邪正俱不用，清淨至無餘。
菩提本自性，起心即是妄。淨心在妄中，但正無三障❸。
世人若修道，一切盡不妨。常自見己過，與道即相當。
色類❹自有道，各不相妨惱。離道別覓道，終身不見道。
波波度一生，到頭還自懊。欲得見真道，行正即是道。
自若無道心，暗行不見道。若真修道人，不見世間過。
若見他人非，自非卻是左。他非我不非，我非自有過。

但自卻非心，打除煩惱破。憎愛不關心，長伸兩腳臥。
欲擬化他人，自須有方便。勿令彼有疑，即是自性現。
佛法在世間，不離世間覺。離世覓菩提，恰如求兔角。
正見名出世，邪見名世間。邪正盡打卻，菩提性宛然。
此頌是頓教，亦名大法船。迷聞經累劫，悟則剎那間。
師復曰：「今於大梵寺，說此頓教，普願法界眾生，言下見性成佛！」

時，韋使君與官僚、道俗，聞師所說，無不省悟。一時作禮，皆歎：「善哉！何期嶺南有佛出世。」

【注釋】

❶默傳：不依靠語言文字，而是以心傳心的傳授。

❷斷佛種性：意思是永遠不能成佛。

❸三障：即煩惱障、業障及地獄、餓鬼、畜生等惡報障（即果報障），指不利於修行的三種障礙。

④色類：一般指世間的一切人及有各種物質形體的眾生。

【譯文】

「善知識們，悟得無念法的人，也就通曉所有佛法；悟得無念法的人，也就見到了所有佛的境界；悟得無念法的人，就到了佛所在的地位。

「善知識們，後代得到我這個法門的人，能將這個頓教法門，與見解相同、心行相同的人共同發願信受奉持，如同事奉佛陀，終生精進而不退轉的人，必定能達到聖人的境地。但是必須傳授祖師從上以來就採用的以心傳心的傳授方法，不可隱匿宗門正法。如果不是同一見地、同一心行，而在其他宗派法門中修行的人，就不要妄傳，以免損害前代祖師，究竟是沒有益處的。更擔心有些愚癡的人不能理解，誹謗這個法門，將使其百劫千生斷絕佛的種性。

「善知識們，我有一首《無相頌》，大家每個人都必須要記誦，無論在家出家，只要依照這首《無相頌》去修行就好了。要是不去修行，只記住我的話，也是沒有什麼益處的。請聽頌：

說法通及自心通，猶如大日處虛空。
唯有傳授見性法，出世度眾破邪宗。
法本不分頓與漸，迷悟時間有快慢。
只有此見性法門，庸愚的人不能知。
說法即使萬般異，合則理體仍歸一。
煩惱黑暗住宅中，時常須要慧日照。
邪念來時煩惱到，正念來時煩惱除。
邪正二相都不用，清淨極至無餘境。
菩提本是自性覺，若起心念就是妄。
淨心處在妄心中，但正心念無三障。
世人若要修佛道，一切法門都不妨。
常見己過勤反省，就能與道相應和。
眾生各自有其道，各自修行不相妨。
自離其道別求道，終身無法得見道。
風塵波波度一生，到頭還是自懊惱。

想要得見真實道，行為正直就是道。
自己如果無道心，暗行不能得見道。
若是真正修道人，不見世間的過非。
如果只見他人過，自己有過就是錯。
他人責人我不責，我責怪人自有過。
只要自止責人心，就能破除煩惱障。
憎怒喜愛不關心，長伸兩腳自在臥。
想要教導感化人，自己須有方便法。
不使他人生疑惑，就是自性的顯現。
佛法本就在世間，覺悟不離開世間。
離開世間尋菩提，正如費心求兔角。
正見名為出世智，邪見名為世間惑。
邪正二見盡掃淨，菩提自性分明現。
這首頌是頓教法，也稱做是大法船。
迷人聞法歷多劫，頓悟只在剎那間。

六祖又說：「現在我在大梵寺說這個頓教法門，普願世間所有的眾生聽了之後都能即時見性成佛。」

當時，韋璩刺史和官僚以及在會的僧俗弟子，聽了六祖所說的法之後，都有所省悟。大家都向六祖大師施禮，並讚歎說道：「太好了，想不到嶺南真有活佛出世。」

〈疑問品〉第三

在本品中，六祖認為佛性本有，解脫全憑自力，「佛向性中作，莫向身外求。自性迷即是眾生，自性覺即是佛」，只要「明心見性」，即是成佛。針對當時側重他力的往生淨土法門，提出「但心清淨，即是自性西方」，為後世「唯心淨土，自性彌陀」說的根源。

一日，韋刺史為師設大會齋❶。齋訖，刺史請師升座，同官僚、士庶肅容再拜。問曰：「弟子聞和尚說法，實不可思議。今有少疑，願大慈悲，特為解說。」

師曰：「有疑即問，吾當為說。」

韋公曰：「和尚所說，可不是達摩大師宗旨乎？」

師曰：「是。」

公曰：「弟子聞達摩初化梁武帝❷，帝問云：『朕一生造寺度僧，佈施設齋，有何功德？』達摩言：『實無功德。』弟子未達此理，願和尚為說。」

師曰：「實無功德，勿疑先聖之言。武帝心邪，不知正法。造寺度僧，佈施設齋，名為求福，不可將福便為功德。功德在法身中，不在修福。」

師又曰：「見性是功，平等是德。念念無滯，常見本性，真實妙用，名為功德。內心謙下是功，外行於禮是德；自性建立萬法是功，心體離念是德；不離自性是功，應用無染是德。若覓功德法身，但依此作，是真功德。若修功德之人，心即不輕，常行普敬。心常輕人，吾我不斷，即自無功，自性虛妄不實，即自無德。為吾我自大，常輕一切故。

「善知識，念念無間是功，心行平直是德；自修性是功，自修身是德。

「善知識，功德須自性內見，不是佈施供養之所求也。是以福德與功德別。武帝不識真理，非我祖師有過。」

【注釋】

❶ 大會齋：就是在大法會中兼吃齋飯。

❷ 梁武帝：南朝梁國的開國皇帝蕭衍。梁武帝博學能文，篤信佛教，曾三次捨身出家同泰寺。

【譯文】

有一天，韋璩刺史為惠能大師舉行大會齋。吃完了齋飯後，刺史請大師登上尊位，然後和其他官僚、百姓莊重地向惠能再拜施禮，然後叩問：「弟子聽大師說法，感到實在奧妙得不可思議。現在還有些疑問，希望您大發慈悲再給弟子們解說一下。」

惠能大師說：「有什麼疑問就問吧，我應當給你們解說。」

韋刺史說：「和尚您說的，是不是達摩祖師的宗旨？」

惠能大師說：「是的。」

韋公說：「弟子聽說，菩提達摩祖師開始度化梁武帝時，梁武帝問達摩：『我一輩子都在建造寺廟，敕度僧人、佈施財物、佈施齋會，這些善行有什麼功德？』達摩祖師說：『實在沒有什麼功德。』弟子還沒有明白其中的道理，希望師父替我解說。」

惠能大師說：「武帝的確沒有什麼功德，你不要懷疑先輩聖人的話。武帝心存雜念，不懂得真正的佛法。建造寺廟，敕度僧人，布施財物，施捨齋飯，這叫求福，不能把求福當做功德。功德存在於法身中，而不在求得福報的善事上。」

惠能大師又說：「認識到自己有佛性就是功，平等待人接物就是德。每念之間沒有滯礙，常能認識自己的本性，發揮自性的真實妙用，這叫功德。內心謙虛就是功，外在的行為有禮就是德。從真如自性中建立萬法就是功，心體遠離一切妄念就是德；念念不離自性就是功，應用萬端而不染著就是德。如果要尋求功德法身，只要依照這樣去做，就是真正的功德。如果真是修功德的人，心裡就不會輕慢他人，而能普遍尊敬一切眾生。如果心中經常輕慢他人，我執沒有斷除，自然不會有功；自己的心性虛妄不實，自然沒有德；這是因為我執未除，自高自大而常常輕視一切的緣故。

「善知識們，正念不間斷就是功，心行平直就是德；自修心性就是功，自修身行就是德。

「善知識們，功德必須向自性中求，而不是藉著佈施供養所能求得到的，所以福德與功德是不同的。梁武帝不認識這個真理，無法契入，並不是我們的祖師有了過錯。」

刺史又問曰：「弟子常見僧俗念阿彌陀佛[1]，願生西方。請和尚說，得生彼否？願為破疑。」

師言：「使君善聽，惠能與說。世尊在舍衛城中，說西方引化經文，分明去此不遠。若論相說里數，有十萬八千，即身中十惡八邪[2]，便是說

遠。說遠為其下根，說近為其上智。

「人有兩種，法無兩般。迷悟有殊，見有遲疾。迷人念佛求生於彼，悟人自淨其心。所以佛言：『隨其心淨，即佛土淨。』

「使君東方人，但心淨即無罪；雖西方人，心不淨，亦有愆❸。東方人造罪，念佛求生西方；西方人造罪，念佛求生何國？

「凡愚不了自性，不識身中淨土，願東願西，悟人在處一般。所以佛言：『隨所住處恒安樂。』使君心地但無不善，西方去此不遙；若懷不善之心，念佛往生❹難到。今勸善知識，先除十惡，即行十萬，後除八邪，乃過八千。念念見性，常行平直，到如彈指，便睹彌陀。」

【注釋】

❶阿彌陀佛：又稱「接引佛」，意為無量光明、無量壽命、無量覺者。該佛是淨土宗的主要信仰對象，能接引念佛的人前往「西方淨土」，被稱為「西方極樂世界」的教主。

❷十惡八邪：十惡指殺生、偷盜、邪淫、妄語、兩舌（挑撥是非）、惡口（惡毒語

言）、綺語（花言巧語或風流話）、貪欲、嗔恚、邪見。八邪指邪語、邪見、邪思、邪業、邪命、邪精進、邪念、邪定。

❸ 愆（音千）：罪過。

❹ 往生：佛教專指離開娑婆世界，前往彌陀西方極樂淨土，淨土宗常用語。

【譯文】

韋刺史接著又問：「弟子常見一般出家或在家的人稱念阿彌陀佛名號，發願往生西方極樂世界。請和尚解說，這樣的修行是否能往生西方極樂世界？希望和尚為我破除心中的疑惑。」

惠能大師說：「使君請聽，惠能給你講，當世尊在舍衛城的時候，就講說過引度眾生往生西方淨土的經文，經文裡說得清楚，西方離這兒並不遠。但如果按一般的里程計算，那就有十萬八千里那麼遠，這是指眾生身上的十惡八邪，因此說遠。說遠是針對根性低下的人，說近是針對智慧高明的人。

「人的根性雖有利、鈍兩種，但佛法並沒有兩樣。只因執迷和覺悟有分別，所以認識本心也就有遲鈍和敏捷的不同。執迷的人靠口裡念誦佛號希望來生能在西方，覺悟的人則重視讓自己的心靈潔淨。所以佛說：『隨著自心的清淨，也就是佛土的清淨。』

「韋使君，即使是東方人，但只要心靈純潔，就沒有罪過；即使是西方淨土的人，心靈不純潔也會有罪過。東方人造作下罪孽，想通過念誦佛號以托生西方，那麼西方人造作下罪孽，他念佛號又希望托生到什麼國土呢？

「凡夫愚眾不了悟自己的本性，不認識自己身中的淨土，只是想東方想西方，而覺悟了的人無論在什麼地方都是淨土，所以佛說，隨便在哪裡都能獲得安樂。使君你只要心裡沒有不善的念頭，西方離這兒並不遙遠；如果有不善的心思，想靠念誦佛號投生極樂世界那是難以實現的。現在我奉勸各位善知識，先除掉自己身上的十惡，那就已經走過十萬里了，再除掉八邪，那就又走了八千里，每一個念頭都能認識自己的佛性，保持行為公平正直，那麼到達西方極樂世界只是彈指一揮間的事，立刻就能見到阿彌陀佛。」

「使君但行十善❶，何須更願往生？不斷十惡之心，何佛即來迎請？若悟無生頓法，見西方只在剎那。不悟念佛求生，路遙如何得達？惠能與

諸人移西方於剎那間，目前便見，各願見否？」

眾皆頂禮❷云：「若此處見，何須更願往生？願和尚慈悲，便現西方，普令得見。」

師言：「大眾，世人自色身❸是城，眼、耳、鼻、舌是門。外有五門，內有意門。心是地，性是王，王居心地上。性在王在，性去王無。性在身心存，性去身心壞。佛向性中作，莫向身外求。

「自性迷即是眾生，自性覺即是佛。慈悲即是觀音，喜捨名為勢至❹，能淨即釋迦，平直即彌陀。

「人我是須彌，邪心是海水，煩惱是波浪，毒害是惡龍，虛妄是鬼神，塵勞是魚鱉，貪嗔是地獄，愚癡是畜生。

「善知識，常行十善，天堂便至。除人我，須彌倒。去邪心，海水竭。煩惱無，波浪滅。毒害除，魚龍絕。自心地上覺性如來，放大光明，外照六門清淨，能破六欲諸天❺。自性內照，三毒即除，地獄等罪，一時銷滅。內外明徹，不異西方。不作此修，如何到彼？」

大眾聞說，了然見性。悉皆禮拜，俱歎善哉，唱言：「普願法界眾生，聞者一時悟解。」

【注釋】

❶十善：與十惡相對。即不殺生、不偷盜、不邪淫、不妄語、不兩舌、不惡口、不綺語、不貪欲、不嗔恚、不邪見，是十種善行。

❷頂禮：佛教的禮儀，稱為「五體投地」，即兩肘、兩膝和頭著地，並且用頭頂禮對方的腳足。

❸色身：指人的肉體，佛教認為是由地、水、火、風四種要素（色法）組成。

❹勢至：即大勢至菩薩，他能以智慧之光普照一切，讓地獄、餓鬼和畜生三惡道中的眾生都「得無上力」，故名「大勢至」。

❺六欲諸天：欲界的六重天，即四天王天、忉利天、夜摩天（即須焰摩天）、兜率陀天、化樂天、他化自在天。

【譯文】

「韋使君，只要能夠修行十善，何須再發願往生西方呢？如果不能斷除十惡的心念，又有哪一位佛會來迎請你呢？如果能夠領悟『無生無滅』的頓教佛法，見到西方淨土就只在一剎那間；如果不能領悟道理，想靠念誦佛號以求托生西方，路途遙遠怎麼能夠到達？我要替大家在一剎那間把西方淨土移來，讓大家馬上就親眼看到，各位願意看嗎？」

大家都禮拜說：「如果能在這兒就看見西方淨土，又何須乞願來世投生，請求和尚大發慈悲，就把西方顯現在眼前，讓我們都看一看。」

惠能大師說：「諸位，世間上的人，自己的色身就如同一座城，眼、耳、鼻、舌諸根好比是城門；在外面有五座門，裡面有一座意門，心就是土地，性就是國王，性王就住在心地上。自性不離心地，國王就存在；自性離開了心地，國王也就不存在。所以自性若在，則身心俱存；性若離，則身心俱壞。要作佛，須向自性中求，切莫向身外去求作佛！

「自性若迷，就是眾生；自性若覺，就是佛。心存慈悲，自身就是觀音菩薩；能夠喜舍，自身就是大勢至菩薩；能淨化身心，自身就是釋迦牟尼佛；心地平等正直，自身就是阿彌陀佛。

「心中分別人我，就有一座障礙正道的須彌山，產生邪惡之心念就是海水滔滔，煩惱是波浪洶湧，心存毒害之心就是兇猛的惡龍，滿心虛妄之見就有鬼神作祟，逐紅塵名利就有魚鱉橫行，貪嗔癡三毒就是地獄，愚昧癡迷就是畜生。

「善知識們，能夠常行十善，天堂就到眼前。能夠去除人與我的利害計較，須彌山便倒塌。去除邪心，滔滔海水就立刻乾枯。煩惱沒有了，波浪便消滅。忘去毒害之心，作怪的魚鱉蛟龍也就絕跡了。只要認識了在自心地上就有佛性如來，自性就會放射出智慧大光明，把六門照得清明潔淨，把六欲諸天都破除了。自己的本性光明向內照耀，貪、嗔、癡三毒就能立即清除，所造的地獄等罪就會瞬間被消除，這樣就會達到內外都通曉透徹的境界，這就和西方極樂世界沒有什麼差別了。如果不這樣的修行，又怎麼能到達西方極樂世界呢？」

大家聽了大師如此講解，都了然見性。一起向大師施禮，感歎叫好，齊聲讚美。又高聲唱著說：「但願天下眾生，凡聽到大師講解後都能立即悟解。」

師言：「善知識，若欲修行，在家亦得，不由在寺。在家能行，如東方人心善；在寺不修，如西方人心惡。但心清淨，即是自性西方。」

韋公又問：「在家如何修行？願為教授。」

師言：「吾與大眾說《無相頌》，但依此修，常與吾同處無別。若不依此修，剃髮出家，於道何益？頌曰：

心平何勞持戒，行直何用修禪？
恩則孝養父母，義則上下相憐。
讓則尊卑和睦，忍則眾惡無喧。
若能鑽木出火，淤泥定生紅蓮。
苦口的是良藥，逆耳必是忠言。
改過必生智慧，護短心內非賢。
日用常行饒益❶，成道非由施錢。
菩提只向心覓，何勞向外求玄？
聽說依此修行，天堂只在目前。」

師復曰：「善知識，總須依偈修行，見取自性，直成佛道。時不相待，眾人且散，吾歸曹溪。眾若有疑，卻來相問。」

時，刺史官僚，在會善男信女，各得開悟，信受奉行。

【注釋】

❶饒益：佛教指有利於別人的一切言行活動。

【譯文】

惠能大師說：「善知識們，如果要修行佛道，在家修行也可以，不必非要出家到寺廟。在家裡能修行，就像東方人心地向善；在寺廟裡不修行，就像西方人心地向惡。只要自心清淨，就已經達到了自己本性中的西方淨土。」

韋刺史又問：「在家怎樣修行佛道呢？請大師再給予教導。」

惠能大師說：「我給大家說一首《無相頌》的偈語，只要根據這裡面說的修行，就會像和我在一起一樣，如不按照這個頌去修行，即便剃了頭髮出家為僧，對於佛道又有什麼益處呢？頌詞是：

心地平等何須煩勞持戒？行為正直哪裡還用修禪？

知道報恩就能孝養父母，明白義理就能上下相憐。

懂得謙讓就能尊卑和睦，能夠忍辱就能制止眾惡。

若能如鑽木取火般勤修，污泥之中定能生出紅蓮。
苦口的常是治病的良藥，逆耳的必是利行的忠言。
改正過失必定能生智慧，維護短處必定心內非賢。
日常生活中常利益他人，成道不是因為佈施錢財。
菩提只需要向內心尋覓，何必徒勞向外求取玄妙？
聽我說偈之後依此修行，西方極樂淨土就在目前。

惠能大師又說：「善知識們，大家都要依照我說的偈去修行，來見取真如自性，直接成就佛道。時間不會等待人的，大家暫且回去，我要回曹溪山，大家如果有疑問，到曹溪山來問我。」

當時刺史、官僚和在法會中聽講的善男信女，各自都心開意解，有所領悟，都信受不疑，決心奉行。

〈定慧品〉第四

本品提出《壇經》的核心思想：「我此法門，從上以來，先立無念為宗，無相為體，無住為本。」無相是於相而離相，無念是於念而無念，無住是於一切之上念念不住。此中，特別注重無念，即認識境界而不為境界所轉，面對世俗世界而不為世俗世界所制。「真如自性起念，六根雖有見聞覺知，不染萬境，而真性常自在。」

禪宗認為佛性人人具有，智慧人人可有。只要運用智慧，就能見到佛性而成就佛果。見到佛性並不非要經過戒與定的階段，重要的是要開啟智慧。所謂的一行三昧，就是說一切行住坐臥之中，要常行一條直心。心靈正直，就不會牽掛，不會執著一切，就是真正的一行三昧。

師示眾云：「善知識，我此法門，以定慧為本。大眾勿迷，言定、慧別。定、慧一體，不是二。定是慧體，慧是定用。即慧之時定在慧，即定之時慧在定。若識此義，即是定、慧等學。諸學道人，莫言先定發慧，先慧發定各別。作此見者，法有二相。口說善語，心中不善，空有定、慧，定、慧不等。若心口俱善，內外一如，定、慧即等。自悟修行，不在於諍，若諍先後，即同迷人。不斷勝負，卻增我法，不離四相。

「善知識，定、慧猶如何等？猶如燈、光。有燈即光，無燈即暗，燈是光之體，光是燈之用。名雖有二，體本同一。此定、慧法，亦復如是。」

師示眾云：「善知識，一行三昧者，於一切處，行住坐臥，常行一直心是也。《淨名經》❶云：『直心是道場』，『直心是淨土』。莫心行諂曲❷，口但說直，口說一行三昧，不行直心。但行直心，於一切法勿有執著。迷人著法相，執一行三昧，直言『常坐不動，妄不起心』，即是一行三昧。作此解者，即同無情，卻是障道因緣。

「善知識，道須通流，何以卻滯？心不住法，道即通流，心若住法，名為自縛。若言常坐不動是，只如舍利弗❸宴坐❹林中，卻被維摩詰訶❺。

「善知識，又有人教坐，看心觀靜，不動不起，從此置功。迷人不會，便執成顛，如此者眾，如是相教，故知大錯。」

【注釋】

❶《淨名經》：也稱為《維摩詰經》。

❷諂曲：就是諂媚不正。

❸舍利弗：舍利弗多羅的簡稱，釋迦牟尼的十大弟子之一，持戒多聞，敏捷智慧，善講佛法，稱智慧第一。

❹宴坐：靜坐。

❺維摩詰：簡稱「維摩」，菩薩名。詰訶：呵斥責問。

【譯文】

惠能大師對眾人說：「善知識們，我的這個法門，是以定和慧為根本宗旨，但大家不要迷惑，說定和慧是有區別的。定和慧其實是一體，不是兩樣。定是慧的本體，慧是定的應用。產生智慧時禪定就在智慧裡面，入禪定時智慧就在禪定當中。如果能認識到這個道理，那就是定和慧融為一體的學問。各位修學佛道的人，不要說先入禪定然後才產生智慧，或者先產生了智慧然後才人禪定，認為兩者各不相同。持有這樣見解的人，就是以為佛法有兩種。嘴裡說要行善，心中卻沒有善念，那就是空有定和慧的虛名，將定和慧看做不是一回事了。如果心裡想的和嘴上說的都是善，內外一致，定和慧就是一回事。自己覺悟修行，不需要和人爭辯，如果爭辯先後勝負，那就和迷惑的人一樣。如果不能斬斷爭執勝負的心思，那就增加了我執和法執，就沒有脫離生、住、異、滅的四相。善知識們，定和慧像什麼呢？就像燈光，有燈就有光，沒有燈就黑暗，燈是光的本體，光是燈的作用，名稱雖然有兩個，本體卻是同一個。定和慧的法則，也是這樣。」

惠能大師指示大眾說：「善知識們，一行三昧的意思，就是無論走、停、坐還是臥，都要修行一個正直的心思。《淨名經》上說：『正直的心就是道場，正直的心就是淨土。』不要心裡想著幹諂媚曲邪的事，嘴裡卻說著正直的門面話。嘴裡說著一行三昧，卻並不以正直的心思修行。應該以正直的心思來修行，對一切佛法都不要偏執。迷惑的人執著於法相，執著於一行三昧的表面，只是說要常常靜坐不動，就能不生邪念妄想，說這就是一行三昧。這樣解釋佛道，就等同於沒有感情的死物品，這是修行佛道受到障礙的原因。」

「善知識們，佛道應該是暢通流動的，怎麼卻會停滯呢？心思如果不執著於法相，佛道就會暢通流動；心思如果執著於法相，那就叫自我束縛。如果說只要久坐不動就能得道，那就像舍利弗在樹林中枯坐，卻被維摩詰所斥責。」

「善知識們，還有人教別人打坐，說只要靜靜地內視自己的心，不要動心，不要起念，這樣就能修道成功。這些迷惑的人不能理解打坐的真義，就這樣執著亂行而七顛八倒。像這樣的人還不少，這樣來亂作指導，實在大錯特錯。」

師示眾云：「善知識，本來正教，無有頓、漸，人性自有利鈍。迷人漸修，悟人頓契。自識本心，自見本性，即無差別，所以立頓、漸之假名。

「善知識，我此法門，從上以來，先立無念為宗，無相為體，無住為本。無相者，於相而離相；無念者，於念而無念；無住者，人之本性，於世間善惡、好醜，乃至冤之與親，言語觸刺欺爭之時，並將為空，不思酬害❶，念念之中，不思前境。若前念、今念、後念，念念相續不斷，名為繫縛❷。於諸法上，念念不住，即無縛也。此是以無住為本。

「善知識，外離一切相，名為無相。能離於相，即法體清淨。此是以無相為體。

「善知識，於諸境上，心不染，曰無念。於自念上，常離諸境，不於境上生心。若只百物不思，念盡除卻，一念絕即死，別處受生，是為大錯。學道者思之。若不識法意，自錯猶可，更勸他人。自迷不見，又謗佛經。所以立無念為宗。

「善知識，云何立無念為宗？只緣口說見性迷人，於境上有念，念上便起邪見。一切塵勞妄想，從此而生。自性本無一法可得，若有所得，妄說禍福，即是塵勞、邪見，故此法門立無念為宗。

「善知識，無者無何事？念者念何物？無者，無二相，無諸塵勞之心；念者念真如本性，真如即是念之體，念即是真如之用。真如自性起念，非眼、耳、鼻、舌能念，真如有性，所以起念，真如若無，眼、耳、色、聲當時即壞。

「善知識，真如自性起念，六根雖有見聞覺知，不染萬境，而真性常自在。故經云：『能善分別諸法相，於第一義而不動。』」

【注釋】

❶ 酬害：就是報復的意思。

❷ 繫縛：煩惱的別名。因煩惱如繩能纏縛拴住身心，使人不得自由，故稱繫縛。

【譯文】

惠能大師開示眾人說：「正教本來沒有頓、漸的分別，只因人的根性有利鈍的不同。愚迷的人漸次修行，覺悟的人頓然契悟。如果能夠識得自己本心，見到自己的本性，就沒有差別了。因此，立有『頓、漸』的假名。」

「善知識們，我這個法門，自從上代祖師以來，首先建立『無念為宗』、『無相為體』、『無住為本』。所謂無相，就是處一切相而離一切相；所謂無念，就是雖念而不執著於念；所謂無住，就是我人的本來自性。對於世間的善、惡、好、醜，乃至冤家至親，有言語的冒犯、諷刺，或欺凌紛爭的時候，都一概視為虛空幻相，不會想到報復仇害。在念念之中，不尋思過去的境界。如果前念、今念、後念，念念相續，不能斷絕，就叫作繫縛；在一切法上，念念不住著，這樣就沒有繫縛，這就是以無住為本。

「善知識們，外離一切相，就叫作無相。能離於一切相，則自性法體自然清淨，這就是以無相為體。

「善知識們，在一切境上，心能不被外境所染汙，就叫作無念。在自己的心念上，要常遠離一切外境，不要在境界上起心動念。但是，如執著於什麼也不想，把念頭全部斷絕，一念斷絕就死，一樣還要到別處去受生輪回，這是極大的錯誤。學道的人應該好好的想一想，如果不認識佛法大意，自己錯了還罷了，卻又再誤導他人；自己愚迷不見真理，又譭謗佛經。所以要建立無念為宗。

「善知識們，為什麼要以無念為宗旨呢？只因為那些在口頭上說見性而愚迷之人，一遇外境就起心念，在心念上就產生各種偏邪的見解，於是一切世俗的妄想也就隨之產生了。自性裡本來就沒有一樣可以執著。如果自以為獲得了，而亂說禍福，那就是世俗偏見。所以我這個法門要立無念為宗旨。

「善知識們，所謂無，是沒有什麼呢？所謂念，又念什麼東西呢？所謂無就是說沒有差別二相，沒有各種世俗的想法；所謂念，就是念真正的如來佛性，真正的如來佛性就是念的本體，念就是真正的如來佛性的運用。真正的如來佛性從自己的本性產生心念，不是從眼、耳、鼻、舌產生的那些心念。有如來佛性，才會生起心念。如果沒有如來佛性，那麼眼中之色和耳中之聲等立刻就會消失。

「善知識們，真正的如來佛性起念，所以眼、耳、鼻、舌、身、意等六根雖然有視聽、感覺、認知等功能，卻可以不被各種外境所影響污染，而保持真正的佛性常在。所以佛經上說：能夠善於區分識別各種外在的法相，正由於不動心念，這就是第一要義。」

〈坐禪品〉第五

坐禪的目的在於排除妄念，但妄念從哪裡來？無非還是從心上來的。所以顛倒就是妄念，覺悟則為菩提，「故知心是幻，無所著也。」坐禪時一心不動能入定，當然是好的，但僅僅這樣還不夠，因為一旦進入塵世生活，面對煩惱我們常常會不自覺地動心亂心，所以六祖告訴我們關鍵是要「自性不動」。反之，如果「身雖不動，開口便說他人是非、長短、好惡，與道相違，若看心看淨，即障道也。」這樣的人依然是「迷人」。怎樣才叫真正的坐禪？「無障無礙處於一切善惡境界，心念不起，名為坐；內見自性不動，名為禪。」只有這樣，才能在行住坐臥之間處處了悟自性。所以六祖並不是反對坐禪，而是要我們「外離相」，「內不亂」，歸根結底還是要明心見性。南台和尚有首禪詩，曾發揮了這一精神：「南台靜坐一爐香，終日無心萬慮忘。不是息除妄念，只緣無事可商量。」這就是自見本性，就是「見諸境心不亂’「見自淨自定」，「方自成佛道」。

師示眾云：「此門坐禪，元❶不著心，亦不著淨，亦不是不動。若言著心，心元是妄，知心如幻，故無所著也。若言著淨，人性本淨，由妄念故，蓋覆真如，但無妄想，性自清淨。起心著淨，卻生淨妄，妄無處所，著者是妄。淨無形相，卻立淨相，言是工夫，作此見者，障自本性，卻被淨縛❷。

「善知識，若修不動者，但見一切人時，不見人之是非、善惡、過患，即是自性不動。

「善知識，迷人身雖不動，開口便說他人是非、長短、好惡，與道違背。若著心著淨，即障道也。」

師示眾云：「善知識，何名坐禪？此法門中，無障無礙，處於一切善惡境界，心念不起，名為坐；內見自性不動，名為禪。

「善知識，何名禪定？外離相❸為禪，內不亂為定。外若著相，內心即亂，外若離相，心即不亂。本性自淨自定，只為見境、思境即亂，若見諸境，心不亂者，是真定也。

「善知識，外離相即禪，內不亂即定。外禪內定，是為禪定。《菩薩戒經》云：『我本性元自清淨。』善知識，於念念中，自見本性清淨，自修自行，自成佛道。」

【注釋】

❶元：通「原」。意即原本，本來。

❷淨縛：指追求「淨相」過分而被束縛。

❸外離相：指內心對外在事物和現象都不執著。

【譯文】

惠能大師開示眾人說：「這個法門中所說的坐禪，本是不執著於心，也不執著於淨，也不是靜坐不動。如果說執著於心，心念原本是虛妄的，所以不可執著；如果說執著於淨的話，人的自性本來清淨，因為有了無明妄念，所以覆蓋了真如本性。只要沒有妄念、邪見，自性本來就是清淨的。如果起心執著於淨，就會產生淨的虛妄；虛妄沒有一定的處所，有了執著，就是虛妄。淨原本也沒有形相，現在卻立出了淨的形相，還說這是修行的工夫；有了這樣錯誤的見解，就會障蔽自己的真如自性，反而被淨相所纏縛。

「善知識們，所謂修不動心者，如果能在見一切人時，不見他人的是非善惡、功過得失，這就是自性不動。

「善知識！愚迷的人，身體雖然不動，但是一開口便說他人的是非、長短、好壞，這就與正道相違背了。如果執著於心或執者於淨，就障蔽了正道。」

惠能大師開示眾人說：「善知識們，什麼叫坐禪？這個法門中，於一切通達無礙，對一切善惡不起念，這就是坐；內心能自見本性而不亂，這就稱為禪。」

「善知識們，什麼叫禪定？外在任何事相永遠都不會干擾自己就叫『禪』，內心永遠平和不紛亂，就是『定』。如果執著於外在事相，內心就會紛亂；如果能遠離外在事相，內心就不會紛亂。人的自性本來就是清淨和安定的，只是因為執著於外在境界，內在的思想境界就跟著亂了。如果對外在一切境界都能心不紛亂，那就是真正的入了『定』了。

「善知識們，外離一切相是禪，內在保持不亂是定。外禪內定就叫禪定。《菩薩戒經》說：『我的本性原本清淨。』善知識們，在每個念頭中，都能自見本性清淨，自己修持、自己實踐，那佛道自然就修成功了。」

〈懺悔品〉第六

本品從「識自本心，見自本性」的原則出發，提出了三個新的觀點：自性五分法身香；無相懺悔；皈依自性三寶。

所謂自性五分法身香，是指不僅要傳外在的有相的香，更要傳我們自性中本有的五分法身香，實際上就是「念念自淨其心，自修其心，自度自戒」。

具體來說就是從戒除心中過非、惡念，不為諸善惡境界所亂，對善惡等無分別，自心無所攀緣而自在無礙到無我、無人，直至菩提，通過這樣不斷提升自己的過程，完成清淨自性的引發。

無相懺悔則是懺悔內心的貪、瞋、癡三毒，令三業清淨，它側重通過了知緣起性空的道理，從根本上去掉我們的煩惱習氣，強調有了過非之後即時懺悔，迷途知返，由此重新樹立自信自尊。

這種能夠「尊重己靈」的人不會有意犯過、造業，即使無意犯了，也能及時改過。有了這種自覺的懺悔，我們就能對生命的淨化和解脫生起一種迫切的渴望和高度的自信。由此自然能念念自淨其心了。

皈依自性三寶，並不是說在住持三寶之外有個對立物，因為二者本來就是一致的：「三身佛在自性中」，凡夫即佛，佛即凡夫。所以皈依三身佛實際上就是皈依自性；體證三身佛就是開發我們自性本具的功德智慧。

六祖提出皈依自性三寶，就是要我們認識到：凡聖本來無二，只是眾生的三身為無明煩惱所障，處在一種迷染的狀態，而智者則已經拂去浮雲遮蔽。凡夫只要能「自除迷妄」，就可以「內外明澈」了。所以眾生與佛的區別就在能否自淨其心。「思量惡事，化為地獄；思量善事，化為天堂。」這仍然是叫我們不要向外尋求，時刻識自本性。這種成佛之道就叫「自皈依」。

時，大師見廣、韶❶洎四方士庶駢集山中聽法，於是升座告眾曰：「來！諸善知識！此事須從自性中起。於一切時，念念自淨其心，自修自行，見自己法身，見自心佛，自度自戒，始得不假到此。既從遠來，一會於此，皆共有緣，今可各各胡跪❷。先為傳自性五分法身香❸，次授無相懺悔。」

眾胡跪。

師曰：「一、戒香，即自心中無非、無惡、無嫉妒、無貪嗔、無劫害，名戒香。二、定香，即睹諸善惡境相，自心不亂，名定香。三、慧香，自心無礙，常以智慧觀照自性，不造諸惡；雖修眾善，心不執著；敬上念下，矜恤孤貧，名慧香。四、解脫香，即自心無所攀緣❹，不思善，不思惡，自在無礙，名解脫香。五、解脫知見香，自心既無所攀緣善惡，不可沈空守寂，即須廣學多聞，識自本心，達諸佛理，和光接物，無我無人，直至菩提，真性不易，名解脫知見香。

「善知識，此香各自內熏❺，莫向外覓。」

【注釋】

❶廣、韶：今廣州和韶州。

❷胡跪：胡，指北方少數民族。即北方少數民族的跪坐方法。胡跪分左跪、互跪和長跪三種。佛教採取左跪。

❸自性五分法身香：五分法身香，即戒香、定香、慧香、解脫香、解脫知見香。惠能認為這五種功德法而成的佛身就存在於自性中，所以叫「自性五分法身」。

❹攀緣：指如猿猴攀附樹枝藤蔓，比喻人的心思隨外物而變化。

❺內熏：此處指默化薰染自心。

【譯文】

一天，廣州、韶州等四面八方不少讀書士子和庶民百姓匯聚曹溪山，要聽惠能大師講法，於是，惠能大師升上法座對大家說：「來吧，各位善知識們。修行佛道必須要從認識自己的本性上做起。在任何時候，在每一個念頭中，都要讓自己的心清淨，自己修行，明白自己的法身，認知自己心中的佛，自我超度，自覺持守戒律，這才不虛此行前來聽法。既然大家都是遠道而來，能夠一起於此聚會，可見我們都是有緣分的，那麼大家現在都左膝著地跪下，我先為你們傳授自性五分法身香，然後再傳授無相懺悔。」

大家現在都胡跪著聽法。

惠能大師說：「一、是戒香，就是自己心中沒有是非心，沒有惡念，沒有嫉妒，沒有貪婪、嗔怒，沒有搶劫傷害之心，這就叫做戒香。二、是定香，就是看到各種善境惡事的相狀，自己能保持心不亂，這就叫做定香。三、是慧香，自己的心中自由通達而沒有阻滯，經常用智慧觀照自己的本性，不做各種惡行，雖然做了許多善事，但心中並不執著自得，能尊敬長輩，關心晚輩，體恤孤獨和貧窮的人，這就叫做慧香。四、是解脫香，就是自己的心並不追逐什麼，既不想善，又不想惡，總是自由自在而沒有障礙，這就叫做解脫香。五、是解脫知見香，自己既不追逐分辨善惡，又不可以沉溺空虛耽愛寂寞，而必須多多學習，擴大見聞，認識自己的本心，通曉各種佛理，與世俗和睦相處，不分別執著人我，直到達到菩提境界，真實的本性一點都不改變，這就叫做解脫知見香。

「善知識們，這些香都要各自在自己內心薰染，不要到外面去尋求。」

「今與汝等授無相懺悔，滅三世罪，令得三業❶清淨。

「善知識，各隨我語，一時道：『弟子等，從前念、今念及後念，念念不被愚迷染；從前所有惡業、愚迷等罪，悉皆懺悔。願一時銷滅，永不復起。弟子等，從前念、今念及後念，念念不被驕誑染。從前所有惡業，驕誑等罪，悉皆懺悔，願一時銷滅，永不復起。弟子等，從前念、今念及後念，念念不被嫉妒染。從前所有惡業、嫉妒等罪，悉皆懺悔，願一時銷滅，永不復起。』

「善知識，以上是為無相懺悔。

「云何名懺？云何名悔？懺者，懺其前愆。從前所有惡業，愚迷、驕誑、嫉妒等罪，悉皆盡懺，永不復起，是名為懺。悔者，悔其後過，從今以後，所有惡業，愚迷、驕誑、嫉妒等罪，今已覺悟，悉皆永斷，更不復作，是名為悔。故稱懺悔。凡夫愚迷，只知懺其前愆，不知悔其後過。以不悔故，前愆不滅，後過又生。前愆既不滅，後過復又生，何名懺悔？

「善知識，既懺悔已，與善知識發四弘誓願❷。各須用心正聽：

自心眾生無邊誓願度，自心煩惱無邊誓願斷，自性法門無盡誓願學，自性無上佛道誓願成。

「善知識，大家豈不道眾生無邊誓願度？恁麼道❸，且不是惠能度。

「善知識，心中眾生，所謂邪迷心、誑妄心、不善心、嫉妒心、惡毒心，如是等心，盡是眾生。各須自性自度。是名真度。

「何名自性自度？即自心中邪見、煩惱、愚癡眾生，將正見度。既有正見，使般若智打破愚癡迷妄眾生，各各自度。邪來正度，迷來悟度，愚來智度，惡來善度。如是度者，名為真度。」

【注釋】

❶三業：身業、口業、意業，分別指人們的行為、語言和思想。

❷四弘誓願：大乘佛教中菩薩為拯救眾生出苦海，立下四個誓言和願望。禪宗從自心自性上立論，賦予四弘誓願新的內容。

❸恁麼道：這麼說。

【譯文】

「現在我再給你們傳授無相懺悔，除滅過去、現在、未來三世的罪業，讓你們的身、口、意三業都清淨。」

「善知識們，請大家都隨我念誦：『弟子等，從前念、現念、一直到後念，念念都不被愚迷所污染，以前所造作的一切惡業以及愚迷等罪，現在完全以至誠的心懺悔，誓願都能同時消除滅盡，今後永遠不再生起。弟子等，從前念、現念，一直到後念，念念都不被驕狂所污染，以前所造作的一切惡業以及驕狂等罪，現在完全以至誠的心懺悔，誓願都能同時消除滅盡，今後永遠不再生起。弟子等，從前念、現念，一直到後念，念念不被嫉妒所污染，以前所造作一切惡業以及嫉妒等罪，現在完全以至誠的心懺悔，誓願都能同時立刻消滅，今後永遠不再生起。』

「善知識們，以上所說就叫做無相懺悔。」

「什麼叫做懺？什麼叫做悔？所謂懺，就是反省自己以前所犯的過失，把以前所有的惡業，愚癡、驕狂、嫉妒等罪，完全懺除盡淨，今後永不再起，這就叫做懺。所謂悔，就是悔改自己以後再犯的過失，從今以後，所有的惡業，愚癡、驕狂、嫉妒等罪過，現在都已覺悟，完全永遠斷除，更不再造作，這就叫做悔。因此，總稱為懺悔。凡夫俗子愚迷，只知道懺除自己以前所犯的罪業，而不知道悔改以後的過失。因為不知悔改的原故，所以從前的罪業未能滅除，往後的過失又頻頻生起。既然以前的罪業不能滅除，後來的過失又再生起，這怎麼能稱之為懺悔呢？」

「善知識們，現在懺悔已傳授完了，再和各位發四弘誓願。請大家用心來諦聽清楚：

自心的眾生無邊，我誓願度盡；自心的煩惱無盡，我誓願斷盡；自性裡的法門無量，我誓願修學；自性的佛道無上，我誓願成就。

「善知識們，大家不是都說眾生無邊誓願度嗎？那麼怎麼去度呢？這麼說，就不是我來度你們了。

「善知識們，所謂心中的眾生，是指所謂的邪迷心、狂妄心、不善心、嫉妒心、惡毒心，諸如此類種種不善心，都是自己心中的眾生，大家應該自性自度，這才叫做真度。」

「什麼叫自性自度呢?就是說對自己心中的邪見、煩惱、愚癡眾生，用正見來度，有了正見，讓般若智慧打破愚癡迷妄眾生，各自用自性自度。邪見來時用正見度，執迷來時用覺悟度，愚癡來時用智能度，惡念來時用善念度，這樣來度心中的眾生。這樣度脫，就叫做真度。」

「又，煩惱無邊誓願斷，將自性般若智除卻虛妄思想心是也。又，法門無盡誓願學，須自見性，常行正法，是名真學。又無上佛道誓願成，既常能下心，行於真正，離迷離覺，常生般若，除真除妄，即見佛性，即言下佛道成。常念修行，是願力法。

「善知識，今發四弘願了，更與善知識授無相三皈依戒[1]。善知識，皈依覺，兩足尊；皈依正，離欲尊；皈依淨，眾中尊。

「從今日去，稱覺為師，更不皈依邪魔外道，以自性三寶常自證明。勸善知識，皈依自性三寶：佛者，覺也；法者，正也；僧者，淨也。自心皈依覺，邪迷不生，少欲知足，能離財色，名『兩足尊』。自心皈依正，念念無邪見，以無邪見故，即無人我、貢高、貪愛、執著，名『離欲尊』。自心皈依淨，一切塵勞愛欲境界，自性皆不染著，名『眾中尊』。

「若修此行，是自皈依。凡夫不會，從日至夜，受三歸戒。若言皈依佛，佛在何處？若不見佛，憑何所歸？言卻成妄。

「善知識，各自觀察，莫錯用心。經文分明言自皈依佛，不言皈依他佛。自佛不歸，無所依處。

「今既自悟，各須皈依自心三寶。內調心性，外敬他人。是自皈依也。

「善知識，既皈依自三寶竟，各各志心。吾與說一體三身自性佛。今汝等見三身，了然自悟自性。總隨我道：

於自色身皈依清淨法身佛，於自色身皈依圓滿報身佛，於自色身皈依千百億化身佛。

「善知識，色身是舍宅，不可言歸。向者三身佛，在自性中，世人總有。為自心迷，不見內性。外覓三身如來，不見自身中有三身佛。汝等聽說！令汝等於自身中見自性有三身佛。此三身佛，從自性生，不從外得。

【注釋】

❶無相三皈依戒：是自心的皈依，並不皈依和信奉外在的崇拜對象。「三皈依」，簡稱「三皈」，也作「三皈戒」。佛門教徒入教時，須於師父前受「皈依佛、皈依法、皈依僧」等三皈依。

【譯文】

「我們再說煩惱無邊誓願斷絕，是指用自己本性中的般若智慧，除掉虛妄的念頭想法。無盡法門要發誓學習，那必須自己明白了悟自己的本性，經常按照正確的佛法修行，這才叫真正的學習。無上的佛道發誓要修成，就必須經常虛心體會，按照真正的佛法修行，不要刻意偏執地追求所謂覺悟，就能使般若智慧經常產生，不偏執於真，也不偏執於妄，這樣就可以見到佛性了，就可以很快成就佛道了。大家要永遠記住修行四弘誓願的方法。

「善知識們，大家現在已經發了四弘誓願，再與大家傳授無相三皈依戒。善知識們，皈依了覺悟，就會有『兩足尊』（福與慧都滿足的尊嚴）；皈依了正見，就會有『離欲尊』（遠離惡欲的尊嚴）；皈依清淨，就會有『眾中尊』（在眾生中受人敬重的尊嚴）。

「從今以後，就要把覺悟當做老師，而不要皈依邪魔外道，要用自我心中的三寶（佛、法、僧）來自證自悟。我奉勸各位善知識要皈依自己本性中的三寶。佛就是覺悟；法就是正見；僧就是清淨。自心皈依了覺悟，邪惡與迷妄就不會產生，因為不再有邪迷之見，就減少了塵俗的欲望而能知足，就能遠離金錢美色的引誘，這就叫做兩足尊。自心皈依了正見，思維都沒有邪見。因為沒有了邪見，就不再有別人和自我的區分意識，不再有驕傲、貪戀、愛戀、執著，這就叫做遠離欲望的尊。自心皈依了清淨，所有的凡俗牽累和愛欲的境界，都不會再對自己的本性發生污染，這就叫做眾中尊。

「如果如此修行，就是自性皈依。凡俗人不理解這一點，從早到晚，都在形式上接受三皈的戒律。卻不明白說皈依佛，佛在哪兒？如果不知道佛在哪兒，又憑什麼皈依呢？這樣說皈依佛就成了說謊話。

「善知識們，請大家注意觀察自性，不要錯用了心意。佛經上分明是說自皈依佛，沒有說皈依他佛，不皈依自性的佛，就沒有皈依的地方。

「現在既然已經自己覺悟了，各人要皈依自己內心的三寶，在內調理自己的心性，在外尊敬別人，這就是自皈依。

「善知識們，講完了皈依自己的三寶，各人都要牢記在心。我與你們說說一體三身自性佛。現在你們都能夠見到自性三身，瞭解自我覺悟自己的本性。現在跟著我說：

以自色身皈依清淨法身佛；以自色身皈依圓滿報身佛；以自色身皈依千百億化身佛。

「善知識們，色身就像房屋，不能說皈依色身。從來法身、報身、化身這三身佛，都在自己的本性中，世人都有。只是因為自己的心被迷惑，不能認識自己內在的本性，卻到外面去尋覓三身如來佛，看不到自身就有三身佛。現在你們仔細諦聽，我要讓你們在自心中見到自性所具有的三身佛。這三身佛，都是從自性中產生，不是從外面尋求得到的。」

何名清淨法身佛？世人性本清淨，萬法從自性生。思量一切惡事，即生惡行；思量一切善事，即生善行。如是諸法在自性中，如天常清，日月

常明，為浮雲蓋覆，上明下暗，忽遇風吹雲散，上下俱明，萬象皆現。世人性常浮游，如彼天雲。

善知識，智如日，慧如月，智慧常明。於外著境，被自念浮雲蓋覆自性，不得明朗。若遇善知識，聞真正法，自除迷妄，內外明徹，於自性中萬法皆現。見性之人，亦復如是，此名清淨法身佛。

善知識，自心皈依自性，是皈依真佛。自皈依者，除卻自性中不善心、嫉妒心、諂曲心、吾我心、誑妄心、輕人心、慢他心、邪見心、貢高心，及一切時中不善之行；常自見己過，不說他人好惡，是自皈依。常須下心，普行恭敬，即是見性通達，更無滯礙，是自皈依。

何名圓滿報身？譬如一燈能除千年暗，一智能滅萬年愚。莫思向前，已過不可得，常思於後，念念圓時，自見本性。善惡雖殊，本性無二。無二之性，名為實性。於實性中，不染善惡，此名圓滿報身佛。

自性起一念惡，滅萬劫善因；自性起一念善，得恒沙惡盡。直至無上菩提，念念自見，不失本念，名為報身。

何名千百億化身？若不思萬法，性本如空；一念思量，名為變化。思量惡事，化為地獄；思量善事，化為天堂。毒害化為龍蛇，慈悲化為菩薩，智慧化為上界❶，愚癡化為下方❷。自性變化甚多，迷人不能省覺，念念起惡，常行惡道，回一念善，智慧即生，此名自性化身佛。

善知識，法身本真，念念自性自見，即是報身佛。從報身思量，即是化身佛。自悟、自修自性功德，是真皈依。皮肉是色身，色身是宅舍，不言皈依也。但悟自性三身，即識自性佛。吾有一《無相頌》，若能誦持，言下令汝積劫迷罪，一時銷滅。頌曰：

迷人修福不修道，只言修福便是道；
佈施供養福無邊，心中三惡元來造。
擬將修福欲滅罪，後世得福罪還在；
但向心中除罪緣，各自性中真懺悔。
忽悟大乘真懺悔，除邪行正即無罪；
學道常於自性觀，即與諸佛同一類。
吾祖惟傳此頓法，普願見性同一體；
若欲當來覓法身，離諸法相心中洗。

努力自見莫悠悠，後念忽絕一世休；

若悟大乘得見性，虔恭合掌至心求。

師言：「善知識，總須誦取，依此修行！言下見性，雖去吾千里，如常在吾邊。於此言下不悟，即對面千里，何勤遠來，珍重好去。」一眾聞法，靡不開悟，歡喜奉行。

【注釋】

❶上界：即欲界天、色界天、無色界天，指諸天。

❷下方：指三惡道，即地獄、餓鬼、畜生。

【譯文】

「什麼叫做清淨法身佛呢？世人的自性本來清淨，萬種佛法都從自己的本性中產生，但思想意念那些惡事，就會產生邪惡的行為；思想意念那些善事，就會產生善良的行為。像這樣各種佛法出現在自己的本性中，好似天空本是清明的，太陽和月亮本是照耀著，只是因為浮雲的遮蓋，變得上邊明亮而下邊陰暗，忽然遇上風吹來，雲散了，上邊和下邊又都變明亮了，天地萬象又都顯現出來了，但世人的本性經常浮游不定，就像那天上的浮雲。

「善知識們，智如太陽，慧如月亮，智慧總是照耀著。如果執著於外在的境界，就會有妄念像浮雲一樣遮蔽自己的本性，不得明朗；如果遇上了善知識，聽他講真正的佛法，自己除掉迷妄，內和外都變得光明透徹，這樣在自己的本性中萬種佛法都會呈現。認識到自己本性的人也會如此，這就是清淨法身佛。

「善知識們，自己的心皈依了自己的本性，就是皈依了真正的佛。所謂自皈依，就是除去自性中的不善心、嫉妒心、諂曲心、吾我心、誑妄心、輕人心、慢他心、邪見心、高傲心，及在任何時候產生的不良行為，能經常自我反省錯誤，而不說別人的好壞，這就是皈依自己的本性。常懷謙下之心，對人恭敬，就是自性通達自如，毫無掛礙，就實現了自性皈依。

「什麼叫做圓滿報身佛呢？譬如一燈能破除千年的黑暗，一智能除去萬年的癡愚。不要想以前的事，已經過去的事不可復得。要常思慮以後的事，如果以後念念圓明，自然見到自己的本性。善和惡雖然不同，但本性沒有兩樣。這沒有不同的本性，就叫實性。在實性中，善惡都不沾染，這就叫做圓滿報身佛。

「自性若起一念的惡，便能消滅萬劫以來所修的善因；自性中如果生起一念的善，便可滅盡多如恒河沙的惡業。從初發心一直到成就無上菩提，時常觀照本性，不失見性成佛的本念，就叫做圓滿報身佛。

「什麼叫做千百億化身佛？如果不思量萬事萬物，人的自性本來就如晴空。如果對萬法有了一念思慮，這就叫做變化。思慮惡事時，自心變化為地獄的境界；思慮善事時，自心變化為天堂的境界；生起毒害的念頭時，自心變化為龍蛇的境界；生起慈悲的念頭，自心變化成菩薩的境界；自性流露智慧時，自心變化為上界諸天的境界；自性執著愚癡時，自心變化成為下界三途的境界。自性的變化非常多，省察覺悟，念念生起惡心，所以經常在惡道中行走。如果能回轉一念的善心，就能生出般若智能，這叫做自性化身佛。

「善知識們，法身本來人人具足，念念得見自性，就是報身佛。從報身佛思量變化，發智起用，就是化身佛。自己覺悟、自己修行自性功德，就是真皈依。皮肉就是色身，色身譬若住宅，不可說是皈依。只有了悟自性中本具三身，才是認識了自性佛。我有一個《無相頌》，如果能讀誦受持，當下就可以讓你們多劫累積的迷妄頓時消滅。這頌是：

迷人只知修福不知修道，只是說修福就是修道啊。
佈施供養雖能得無邊福，原來是由心中三惡造作。
如果想以修福來滅罪業，來世即使有福罪業還在。
只有向自心中根除罪緣，各自在自性中行真懺悔。
倘能頓悟大乘真懺悔法，去邪迷行正道就能無罪。
學道能夠經常觀照自性，就和十方諸佛等同一類。
我的祖師只傳頓教法門，普願大家見性同證佛體。
如果想要未來獲得法身，必須離諸法相心中如洗。
努力自見性不要空蹉跎，否則後念忽斷此生休矣。
若想覺悟大乘見自本性，虔誠恭敬合掌至心請求。

惠能大師說：「善知識們，大家都要誦持上面的頌，依照此頌去修行。如果聽了以後能夠立即見性，那麼即使和我遠隔千里，也如同常在我身邊一樣。如果聽了以後不能開悟，即使在我對面也如同遠隔千里，又何必辛苦遠來求法？請各自珍重好好回去吧。」

大家聽了惠能大師的佛法，無不心領神會，歡喜踴躍，信受奉行。

〈機緣品〉第七

這一品主要記敘惠能與弟子無盡藏尼、法海、法達、智通、智常、志道、行思、懷讓、玄覺、智隍等的說法機緣及隨緣普度眾生。

惠能大師回答無盡藏尼時說：諸佛妙理，非關文字。真正的佛理，是什麼也不執著的。「所謂，不立文字，並非不用文字」。「立」是執著，不立文字就是讀經時不要拘泥執著於文字本身，而並不是有些人理解的不要讀經。三藏十二部佛教經典都是用文字記載的，離開文字，就無從理解教義。但如果僅從字面著眼，不解精要，就會像法達一樣誦經三千部而「不識宗趣」。要是斤斤計較於文字門派之爭，卻不將佛法認真實行，這種人書讀得越多，障礙反而越大。

所以讀經的最終目的還是為了修行，是為了啟發我們的自性（禪宗的自性是指人本來具有的佛性）。「自迷《法華》轉」是執著於文字，「心悟轉《法華》」才是瞭解精義，所以「不立文字」仍然是為了悟得自性。

師自黃梅得法，回至韶州曹侯村，人無知者。時，有儒士劉志略，禮遇甚厚。志略有姑為尼，名無盡藏，常誦《大涅槃經》，師暫聽，即知妙義，遂為解說。尼乃執卷問字。

師曰：「字即不識，義即請問。」

尼曰：「字尚不識，焉能會義？」

師曰：「諸佛妙理，非關文字。」

尼驚異之，遍告裡中耆德❶云：「此是有道之士，宜請供養。」

有魏武侯玄孫曹叔良及居民，競來瞻禮。時，寶林古寺，自隋末兵火已廢，遂於故基重建梵宇❷，延師居之，俄成寶坊❸。

師住九月餘日，又為惡黨尋逐，師乃遁於前山，被其縱火焚草木，師隱身挨入石中得免。石今有師趺坐膝痕，及衣布之紋，因名「避難石」。師憶五祖懷、會，止、藏之囑，遂行隱於二邑焉。

【注釋】

❶耆德：指年高德劭的人。

❷ 梵宇：佛寺的異名。

❸ 寶坊：是指對寺院的美稱。

【譯文】

惠能大師從黃梅縣五祖弘忍處得到頓教法門後，回到韶州曹侯村，沒有人知道他的來歷真相。當時有位讀書人叫劉志略，對惠能大師十分尊敬。劉志略有個姑母是尼師，法名叫無盡藏，經常念誦《大涅槃經》，惠能大師偶然聽了她念誦，就對經文的妙諦真義瞭解得很透徹，於是為她講解。無盡藏手持經書請教具體文字。

惠能說：「字我不認識，要是義理有問題我能回答。」

尼師說：「早都不認識，怎麼能理解義理呢？」

大師說：「諸佛的精妙道理，和文字沒有什麼關係。」

尼師感到很驚奇！於是，就對村裡所有年高德劭的人說：「說這是一位有道高僧，應該禮遇供養。」

村中有一個魏武侯曹操的玄孫，叫曹叔良的，還有其他一些村民，都爭先前來施禮參拜。當時，寶林古寺自從隋朝末年經歷兵火，已成廢墟。大家就在廢廟的舊址上重新修建了一座佛廟，請惠能大師居住，很快這裡就成了弘揚佛法的寶坊聖地。

惠能大師在寶林寺中住了九個多月，又被搶奪傳法衣缽的惡僧黨羽追尋迫害，大師就躲到前面的山裡去，惡人們放火焚燒山上的草木，大師藏到一塊山石後面才得以倖免。至今石頭上還有大師趺坐的膝蓋痕跡和衣服的褶紋，人們將這塊石頭叫做避難石。大師想起五祖「逢懷則止，遇會則藏」的囑咐，就又去懷集和四會一帶隱居。

僧法海，韶州曲江人也。初參祖師，問曰：「即心即佛。願垂指諭。」

師曰：「前念不生即心，後念不滅即佛。成一切相即心，離一切相即佛。吾若具說，窮劫不盡。聽吾偈曰：

即心名慧，即佛乃定。定慧等持，意中清淨。悟此法門，由汝習性。用本無生，雙修是正。」

法海言下大悟，以偈贊曰：

「即心元是佛，不悟而自屈。我知定慧因，雙修離諸物。」

僧法達，洪州人。七歲出家，常誦《法華經》，來禮祖師，頭不至地。

祖訶曰：「禮不投地，何如不禮？汝心中必有一物，蘊習何事耶？」

曰：「念《法華經》已及三千部。」

祖曰：「汝若念至萬部，得其經意，不以為勝，則與吾偕行。汝今負此事業，都不知過。聽吾偈曰：

禮本折慢幢❶，頭奚不至地？有我罪即生，亡功福無比。」

師又曰：「汝名什麼？」

曰：「法達。」

師曰：「汝名法達，何曾達法？」復說偈曰：

「汝今名法達，勤誦未休歇。空誦但循聲，明心號菩薩。

汝今有緣故，吾今為汝說。但信佛無言，蓮花從口發。」

達聞偈，悔謝曰：「而今而後，當謙恭一切。弟子誦《法華經》，未解經義，心常有疑。和尚智慧廣大，願略說經中義理。」

師曰：「法達，法即甚達，汝心不達；經本無疑，汝心自疑。汝念此經，以何為宗？」

達曰：「學人根性暗鈍，從來但依文誦念，豈知宗趣？」

【注釋】

❶ 禮本折慢幢：慢幢，傲慢之心就像高聳的石柱。意即禮本來是消除傲慢心理的。

【譯文】

僧人法海，是韶州曲江縣人。是最早參拜惠能大師的，他問大師：「什麼叫即心即佛，希望能得到您指點教導。」

大師說：「前一個念頭不苦苦執著就是心，後一個念頭也不執著非要消除就是佛；心中想一切色相就是心，不想任何色相就是佛。我如果具體加以解說，那麼再多的時間也說不完。請聽我念這首偈語：

即心名慧，即佛乃定。定慧等持，意中清淨。悟此法門，由汝習性。用本無生，雙修是正。」

法海聽了惠能大師的開示立刻覺悟，也寫了一首偈讚歎說：

「即心元是佛，不悟而自屈。我知定慧因，雙修離諸物。」

僧人法達，江西洪州人。七歲出家，經常念誦《法華經》，他來拜見大師，叩頭時頭不著地，很不禮貌。

惠能大師責備說：「行禮卻頭不著地，還不如不參拜。你心裡面一定有什麼值得驕傲的，平時你修習什麼呢？」

法達說：「我念誦《法華經》已經有三千遍了。」

惠能大師說：「你如果念經書念有上萬遍，並且領悟了經文妙諦，你不因此驕傲，那才能和我一起談論佛法。現在你就因為念誦了《法華經》三千部（遍）而驕傲自持，卻還不知道這是罪過。你且聽我說偈：

禮本折慢幢，頭奚不至地？有我罪即生，亡功福無比。」

惠能大師又問：「你叫什麼名字？」

法達回答說：「我叫法達。」

大師說：「你名叫法達，又何曾通達了佛法呢？」又說了一偈：

「汝今名法達，勤誦未休歇。空誦但循聲，明心號菩薩。
汝今有緣故，吾今為汝說。但信佛無言，蓮花從口發。」

法達聽完惠能大師的偈，向大師悔悟謝罪說：「從今以後，一定對一切都謙虛恭敬，弟子雖然熟誦《法華經》，卻沒有理解其中的意義，心裡經常存在著疑惑，和尚您的智慧廣大，希望您給我解說一下經文中的義理。」

惠能大師說：「法達，即佛法本來是通達的，是你的心沒有通達，經文裡是沒有疑惑的，是你的心中有疑惑。你誦讀這本經文，知道它的宗旨是什麼嗎？」

法達回答說：「學生慧根愚昧遲鈍，從來就是按照經文誦讀，哪裡知道宗旨義趣呢？」

師曰：「吾不識文字，汝試取經誦一遍，吾當為汝解說。」

法達即高聲念經，至《譬喻品》❶，師曰：「止！此經元來以因緣出世為宗。縱說多種譬喻，亦無越於此。何者因緣？經云：『諸佛世尊，唯以一大事因緣故，出現於世。』

「一大事者，佛之知見也。世人外迷著相，內迷著空。若能於相離相，於空離空，即是內、外不迷。若悟此法，一念心開，是為開佛知見。

「佛，猶覺也。分為四門：開覺知見，示覺知見，悟覺知見，入覺知見。若聞開示，便能悟入，即覺知見，本來真性而得出現。

「汝慎勿錯解經意，見他道開、示、悟、入，自是佛之知見，我輩無分。若作此解，乃是謗經、毀佛也。彼既是佛，已具知見，何用更開？汝今當信：佛知見者，只汝自心，更無別佛。蓋為一切眾生自蔽光明，貪愛塵境；外緣內擾，甘受驅馳，便勞他世尊從三昧起，種種苦口❷，勸令寢息；莫向外求，與佛無二，故云開佛知見。

「吾亦勸一切人，於自心中常開佛之知見。世人心邪，愚迷造罪。口善心惡，貪嗔嫉妒，諂佞我慢❸，侵人害物，自開眾生知見。若能正心，常生智慧，觀照自心，止惡行善，是自開佛之知見。

「汝須念念開佛知見，勿開眾生知見。開佛知見，即是出世；開眾生知見，即是世間。汝若但勞勞執念，以為功課者，何異犛牛愛尾❹？」

【注釋】

❶《譬喻品》：《妙法蓮華經》中的經文。

❷種種苦口：指利用各種方法來教化。

❸我慢：執著於我而輕慢他人，即高傲自大。

❹犛牛愛尾：犛牛對自己的尾巴極為愛護。此處指人們執迷不悟，盲目追求不應該貪戀的東西，就像牛愛惜自己的長尾巴一樣。

【譯文】

惠能大師說：「我不認識文字，你把經文試讀一遍，我給你解說。」法達隨即大聲誦讀經文，讀到《譬喻品》，大師說：「停。這部經文原來是以出世為宗旨，縱然再說多少譬喻，也不會超越這個宗旨。是什麼因緣呢？經上說：各位佛陀世尊，都是以一種大事的因緣而出現在世界上。」

「這一種大事，就是佛的認知見解。世俗之人在外面著迷於表相，在內心又著迷於虛空，如果能對表相離開表相，對虛空離開虛空，那就是內外都不迷惑。

如果能覺悟到這種法門，在一念之中心思頓開，就是開啟了佛的認知見解。」

「所謂佛就是覺悟。又分為四種法門：開覺知見，示覺知見，悟覺知見，入覺知見。如果能在聽聞開示時，便能開悟契入，這就是覺知見，心中本具的真如佛性也就顯現出來了。」

「你千萬不要錯誤地理解了經文的意思，看見別人說『開示悟入』，以為那只是佛才能有的認知，像我們這些人不沾邊。倘若這樣理解，那是誹謗經文和佛祖。他既然是佛，就已經具有佛的知見了，為什麼還要再開悟知見呢？你應當相信，佛的認知，就是你自己的本心，除此之外再沒有其他的佛了。因為一切眾生，自己遮蔽了內心的光明，貪戀熱衷於紅塵世界，受到外在世界和自己內在欲望的引誘，心甘情願地被驅使，這才要麻煩各位佛祖世尊，從正定中起來，用各種苦苦的說教，勸告眾生讓他們停止那些貪戀欲望，不要再向外界追求，這就與佛法沒有區別，所以說是開導啟發佛的認知。」

「我也常規勸所有人，在自己心中要常開啟佛知見。世俗人的心中有邪見，愚昧迷惑而造作罪孽，口出善言而心懷惡意，貪婪，嗔怒，嫉妒，諂媚，欺佞，驕傲，侵害別人，這樣就開啟了眾生的認知。如果能端正心念，常常生起智慧，觀照自己的心性，停止做惡而行善，這就是自己開佛知見。」

「你要讓自己的每一個念頭都開發佛的智慧，不要開啟眾生的認知。開發了佛的智慧，就是超凡脫俗。開啟了眾生的認知，就是沉迷俗世。你如果只是執著於表面用功誦讀經文，那和　牛愛自己的尾巴又有什麼兩樣？」

達曰：「若然者，但得解義，不勞誦經耶？」

師曰：「經有何過？豈障汝念？只為迷悟在人，損益由己。口誦心行，即是轉經❶，口誦心不行，即是被經轉。聽吾偈曰：

心迷《法華》轉❷，心悟轉《法華》，誦經久不明，與義作仇家。

無念念即正，有念念成邪，有無俱不計，長御白牛車❸。」

達聞偈，不覺悲泣，言下大悟，而告師曰：「法達從昔已來，實未曾轉《法華》，乃被《法華》轉。」再啟曰：「經云：『諸大聲聞乃至菩薩，皆盡思共度量，不能測佛智。』今令凡夫但悟自心，便名佛之知見。自非上根，未免疑謗。又經說三車，羊、鹿、牛車，與白牛之車，如何區別？願和尚再垂開示。」

「師曰：經意分明，汝自迷背。諸三乘人❹不能測佛智者，患在度量也。饒伊❺盡思共推，轉加懸遠。佛本為凡夫說，不為佛說。此理若不肯信者，從他退席，殊不知坐卻白牛車，更於門外覓三車。況經文明向汝道：『惟一佛乘，無有餘乘，若二若三，乃至無數方便，種種因緣譬喻言詞，是法皆為一佛乘故。』

「汝何不省，三車是假，為昔時故；一乘是實，為今時故。只教汝去假歸實，歸實之後，實亦無名。應知所有珍財，盡屬於汝，由汝受用，更不作父想❻，亦不作子想❼，亦無用想❽，是名持《法華經》。從劫至劫，手不釋卷；從晝至夜，無不念時也。」

達蒙啟發，踴躍歡喜，以偈贊曰：

「經誦三千部，曹溪一句亡。未明出世旨，寧歇累生狂？羊鹿牛權設，初中後善揚❾。誰知火宅❿內，元是法中王⓫。」

師曰：「汝今後，方可名念經僧也。」

達從此領玄旨，亦不輟誦經。

【注釋】

❶轉經：指真正領悟了佛經。

❷心迷《法華》轉：只是嘴上念誦《法華經》，心中仍癡迷，等於沒有領悟佛經。

❸白牛車：佛教認為修行等級有差異，聲聞乘羊車，緣覺乘鹿車，菩薩乘白牛車。

❹三乘人：指聲聞、緣覺、菩薩。

❺饒伊：聽任他去。

❻更不作父想：所有的財寶（佛性）都是你自己的、本有的，不要認為是大富長者（佛）的。「父」指《法華經》中講的「大寶長者」，用以比喻諸佛如來。

❼亦不作子想：也不要認為財富（佛性）是他人的。

❽亦無用想：也不要有意識地向自身追求佛性。

❾初中後善揚：初善，聲聞教法；中善，緣覺教法；後善，菩薩教法；這些善法，最後統一於「一佛乘」。

❿火宅：比喻眾生生死輪回的三界。

⓫法中王：指經過長期修行而超脫生死輪回的修行人。

【譯文】

法達問說：「如果是這樣的話，只要能理解經義就好了，那就可以不必誦經了麼？」

惠能大師說：「佛經本身有什麼過失？難道妨礙你誦念嗎？只須知執迷和覺悟在於個人，受損或得益都由於自己。口誦經文而心能行其義，就是能夠轉經；口誦經文而心不行其義，就是被經文所轉了。你聽我說偈：

心迷《法華》轉，心悟轉《法華》，誦經久不明，與義作仇家。

無念念即正，有念念成邪，有無俱不計，長禦白牛車。」

法達聽完偈，不禁感激涕零，於言下即時大悟，對六祖說：「法達從過去以來，確實未曾轉《法華》，而是被《法華》所轉。」接著又問惠能大師說：「經上說：『一切大聲聞乃至菩薩，都曾盡力思考一起去度量佛的智慧，但都無法測知佛的智慧。』現在只令凡夫但能覺悟自己的心性，就說是佛的知見，如果不是上等根性的人，不免要生起疑惑誹謗。又經中說三車：羊車、鹿車、牛車，與大白牛車，究竟要怎樣來區別呢？願和尚再次慈悲開示。」

惠能大師說：「經意本來就說得很清楚，是你自己執迷而與之相違背罷了！一切三乘行人之所以不能測知佛智，問題就出在他們要去度量，任憑他們費盡心思共同推測，只有增加與佛智距離遙遠。佛法本來是為不覺的凡夫而設說的，並不是為佛而設說的，如果不肯相信這個道理，那就聽任他退出會席。只是他竟不知道自己原就坐在白牛車上，卻還要向門外去別覓羊、鹿、牛三車。更何況經文說得明白：『只有一佛乘，並沒有其他乘。或說二乘、三乘，乃至無數方便法門，以及種種因緣譬喻等言詞，所有這些法全都是為那一佛乘而施設的。』

「你怎麼不注意省察呢？羊、鹿、牛三車是佛所設的三乘方便法，是為昔時眾生迷失實相而施設的權教；大白牛車是佛真實說的一乘實相法，是為現今眾生修持成熟而開顯的實教。這只不過是教你去除三乘方便的假名而歸入一乘實相的實教，一旦歸入實教之後，就沒有所謂的這個實教名了。要知道所有珍貴財物全部都屬於你所擁有，任由你自己去受用，更不作佛陀慈父想，也不作眾生窮子想，更沒有所謂的受用財寶想，這才叫作真正的在持誦《法華經》。能夠如此，就好像從前劫到後劫，手中並沒有放下經卷；從白天到黑夜，無時不是在誦持《法華經》了。」

法達得到啟發，歡喜踴躍，寫了一首偈加以讚頌：

「《妙法蓮華經》已念誦了三千遍，在曹溪六祖一句教下全數消亡。
不明了諸佛出世的因緣宗旨，怎麼能息滅累劫以來的妄心？
羊、鹿、牛三車是權巧施設，初中後三善是依次發揚。
誰能知道火宅內的眾生，原來一悟之後是法中王。」

惠能大師說：「從今以後，你才可以被稱為真正誦經的出家人。」法達從此領悟到深奧玄妙的道理，也沒有停止他的課誦。

僧智通，壽州安豐人。初看《楞伽經》約千餘遍，而不會三身四智，禮師求解其義。

師曰：「三身者，清淨法身，汝之性也；圓滿報身，汝之智也；千百億化身，汝之行也。若離本性別說三身，即名有身無智。若悟三身無有自性，即名四智菩提。聽吾偈曰：

自性具三身，發明成四智。
不離見聞緣，超然登佛地。

吾今為汝說，諦信永無迷。
莫學馳求者，終日說菩提。」

通再啟曰：「四智之義，可得聞乎？」

師曰：「既會三身，便明四智。何更問耶？若離三身，別談四智，此名有智無身。即此有智，還成無智。復說偈曰：

大圓鏡智性清淨，平等性智心無病。
妙觀察智見非功，成所作智同圓鏡。
五八六七果因轉，但用名言無實性。
若於轉處不留情，繁興永處那伽定❶。」

通頓悟性智，遂呈偈曰：

「三身元我體，四智本心明。
身智融無礙，應物任隨形。
起修皆妄動，守住匪真精。
妙旨因師曉，終亡染汙名。」

【注釋】

❶繁興永處那伽定：雖處紛亂世界，但心如龍潛深淵，永遠寧靜，能現大變而不失定力。繁興，紛亂的世俗界。那伽，意為「龍」，有「定」的意思。

【譯文】

僧人智通，壽州安豐人。他剛開始看《楞伽經》，大約讀了一千多遍，卻沒有理解「三身」和「四智」，因此拜見慧能大師，請求講解經文妙諦。

大師說：「所謂『三身』，第一是清淨的法身，是你的本性；第二是圓滿的報身，是你的智慧；第三是千百億化身，是你的行為。如果離開你的本性而來談『三身』，就叫有身無智；如果領悟『三身』並沒有它自己的本性，就叫『四智菩提』。聽我念一首偈語：

自性具三身，發明成四智。
不離見聞緣，超然登佛地。
吾今為汝說，諦信永無迷。

莫學馳求者，終日說菩提。」

智通又問道：「『四智』的妙義，我可以聽聽嗎？」

大師說：「既然已經領悟了『三身』，自然就懂『四智』了，還問什麼呢？如果離開『三身』，另外再談『四智』，這就叫有智無身，這種所謂有智，其實還是無智。」

大師接著又念誦了一首偈語：

「大圓鏡智性清淨，平等性智心無病。
妙觀察智見非功，成所作智同圓鏡。
五八六七果因轉，但用名言無實性。
若於轉處不留情，繁興永處那伽定。」

智通立刻領悟了本性的智慧，也念了一首偈語呈獻給大師：

「三身元我體，四智本心明。
身智融無礙，應物任隨形。
起修皆妄動，守住匪真精。
妙旨因師曉，終亡染汙名。」

僧智常，信州貴溪❶人。髫年❷出家，志求見性。一日參禮。師問曰：「汝從何來，欲求何事？」

曰：「學人近往洪州白峰山，禮大通和尚❸，蒙示見性成佛之義，未決狐疑。遠來投禮，伏望和尚慈悲指示。」

師曰：「彼有何言句，汝試舉看。」

曰：「智常到彼，凡經三月，未蒙示誨。為法切故，一夕獨入丈室，請問：『如何是某甲本心本性。』大通乃曰：『汝見虛空否？』對曰：『見。』彼曰：『汝見虛空有相貌否？』對曰：『虛空無形，有何相貌？』彼曰：『汝之本性，猶如虛空，了無一物可見，是名正見。無一物可知，是名真知。無有青黃長短，但見本源清淨，覺體圓明，即名見性成佛，亦名如來知見。』學人雖聞此說，猶未決了，乞和尚開示。」

師曰：「彼師所說，猶存見知，故令汝未了。吾今示汝一偈：

不見一法存無見，大似浮雲遮日面。
不知一法守空知，還如太虛生閃電。
此之知見瞥然興，錯認何曾解方便。

汝當一念自知非，自己靈光常顯現。」

常聞偈已，心意豁然，乃述偈曰：

「無端起知見，著相求菩提。
情存一念悟，寧越昔時迷❹。
自性覺源體，隨照枉遷流。
不入祖師室，茫然趣兩頭❺。」

智常一日問師曰：「佛說三乘法，又言最上乘，弟子未解，願為教授。」

師曰：「汝觀自本心，莫著外法相。法無四乘，人心自有等差。見聞轉誦是小乘；悟法解義是中乘；依法修行是大乘；萬法盡通，萬法具備，一切不染，離諸法相，一無所得，名最上乘。乘是行義，不在口爭，汝須自修，莫問吾也。一切時中，自性自如。」

常禮謝執侍，終師之世。

【注釋】

❶信州貴溪：信州，今江西上饒縣；貴溪，今江西貴溪縣西。

❷髫年：童年。髫（音寄），古代指孩子下垂的頭髮。

❸大通和尚：神秀逝世後諡號「大通」，在其生前不應有此稱號。

❹情存一念悟，寧越昔時迷：意思是存在著自以為證悟的一個念頭，又怎樣能消除過去的迷惑呢？

❺趣兩頭：通「趨」。兩頭：指「無見」和「空知」。

【譯文】

僧人智常是信州貴溪人，童年時出家，志在求得明心見性。有一天，來參禮六祖。

惠能大師問他：「你從哪裡來？想要求什麼事？」

智常回答說：「弟子最近到洪州白峰山參禮大通和尚，承蒙他開示見性成佛的奧義，只是心中還有一些疑惑不能解決，因此從遙遠的地方前來參禮，祈求和尚慈悲為我開示。」

惠能大師說：「大通和尚說了什麼話？你先說一些給我聽聽。」

智常說：「我到了那裡，大約住了三個月，都不曾得到他的開示教誨，我因為求法心切的緣故，有一天晚上，我單獨進入方丈室，向大通和尚請教：『什麼是人本心本性？』他說：『你見過虛空沒有？』我回答說：『見過。』他又問：『你看到的虛空有沒有相貌嗎？』我回答說：『虛空沒有形體，哪有什麼相貌可言呢？』他說：『你的本性，就如同虛空，了無一物可見，就叫做正見，沒有一物可知，就叫做真知。沒有青黃長短等色法的區別，只要能見本源清淨，覺體圓明，就叫做見性成佛，也叫做如來知見。』弟子雖然聽了這個說法，還是不能解決內心的狐疑，所以懇求和尚開示。」

惠能大師說：「那位師父所說，還存有知見，所以不能使你全然明白。我現在告訴你一偈：

不見一法存無見，大似浮雲遮日面。

不知一法守空知，還如太虛生閃電。

此之知見瞥然興，錯認何曾解方便。

汝當一念自知非，自己靈光常顯現。」

智常聽完偈，心意豁然開朗。於是，也說了一首偈：

「無端起知見，著相求菩提。
情存一念悟，寧越昔時迷？
自性覺源體，隨照枉遷流。
不入祖師室，茫然趣兩頭。」

一天，智常問惠能大師：「佛陀說三乘教法，又說有最上乘，弟子不瞭解，願求和尚教導。」

惠能大師說：「你應觀照自己的本性，不要執著心性外的法相。佛法並沒有四乘之分，而是人心各有不同：從目見耳聞下轉誦經典的人是小乘行者，悟解佛法義理的人是中乘行者，依法修行的人是大乘行者，萬法完全通達，萬法具足完備，一切不染不著，遠離一切法相，無一法可得，這就叫作最上乘的行者。乘是行的意思，不是在口頭上爭論就能得到。你應該自己依法修行，不必問我。無論在什麼時候，你自己的佛性都是來去無礙，圓通無礙的。」

智常施禮致謝，從此侍奉六祖大師，一直到六祖大師去世。

僧志道，廣州南海❶人也。請益曰：「學人自出家，覽《涅槃經》十載有餘，未明大意，願和尚垂誨。」

師曰：「汝何處未明？」

曰：「諸行無常，是生滅法。生滅滅已，寂滅為樂。於此疑惑。」

師曰：「汝作麼生疑？」

曰：「一切眾生皆有二身，謂色身、法身也。色身無常，有生有滅；法身有常，無知無覺。經云『生滅滅已，寂滅為樂』者，不審何身寂滅，何身受樂？若色身者，色身滅時，四大分散，全然是苦，苦不可言樂。若法身寂滅，即同草木瓦石，誰當受樂？又法性是生滅之體，五蘊是生滅之用。一體五用，生滅是常。生則從體起用，滅則攝用歸體。若聽更生，即有情之類，不斷不滅；若不聽更生，則永歸寂滅，同於無情之物。如是，則一切諸法被涅槃之所禁伏，尚不得生，何樂之有？」

師曰：「汝是釋子，何習外道斷常邪見，而議最上乘法？據汝所說，即色身外別有法身，離生滅求於寂滅；又推涅槃常樂，言有身受用，斯乃執吝生死，耽著世樂。汝今當知，佛為一切迷人，認五蘊和合為自體相，分別一切法為外塵相，好生惡死，念念遷流，不知夢幻虛假，枉受輪回，以常樂涅槃翻為苦相，終日馳求。佛愍此故，乃示涅槃真樂。剎那無有生相，剎那無有滅相；更無生滅可滅，是則寂滅現前。當現前時，亦無現前之量，乃謂常樂。此樂無有受者，亦無不受者，豈有一體五用之名？何況更言涅槃禁伏諸法，令永不生，斯乃謗佛毀法。聽吾偈曰：

無上大涅槃，圓明常寂照。凡愚謂之死，外道執為斷。
諸求二乘人，目以為無作。盡屬情所計，六十二見[2]本。
妄立虛假名，何為真實義？惟有過量人，通達無取捨。
以知五蘊法，及以蘊中我。外現眾色像，一一音聲相。
平等如夢幻，不起凡聖見。不作涅槃解，二邊三際斷。
常應諸根用，而不起用想。分別一切法，不起分別想。
劫火燒海底，風鼓山相擊。真常寂滅樂，涅槃相如是。
吾今強言說，令汝舍邪見。汝勿隨言解，許汝知少分。」

志道聞偈大悟，踴躍作禮而退。

【注釋】

❶ 廣州南海：今廣東佛山。

❷ 六十二見：佛教所說的外道的六十二種錯誤觀點，這裡泛指一切錯誤觀點。

【譯文】

僧人志道是廣州南海人。有一天，他請教惠能大師說：「學人自從出家以來，閱讀《涅槃經》已經有十多年了，還不明白經中大意，請和尚慈悲教誨！」

惠能大師說：「你什麼地方不明白？」

志道說：「經中有一偈說：『諸行無常，是生滅法。生滅滅已，寂滅為樂。』我對這首偈語有所疑惑。」

惠能大師問：「你為什麼會有疑惑呢？」

志道說：「一切眾生都有二身，就是所說的色身和法身。色身變化無常，有生也有死；而法身是永遠長存，沒有知覺。經上說『生滅滅已，寂滅為樂』，不知道是哪個身入於寂滅？哪個身受此真樂？如果說是色身，當色身壞滅的時候，地、水、火、風四大分散，完全是苦，既然是苦，就不可說是樂了；如果說法身入於寂滅，那麼法身如同草木瓦石一樣的沒有知覺，由什麼來享受真樂呢？另外，佛性是生滅的本體，五蘊是生滅的妙用，一體五用，生滅應當是恒常的。生就是從體產生妙用，滅就是攝用歸體。如果聽任他們再生，那就是有情的眾生不斷絕也不滅亡；如果不聽其再生，那就是永遠地歸於寂滅，而與無情的東西沒有什麼不同了。假如是這樣，那一切的佛法都被涅槃所限制，生都不可能，還有什麼快樂可言呢？」

惠能大師說：「你是佛門的弟子，為什麼要學外道的斷常而妄自議論最上乘法呢？據你所說，就是色身之外另有一個法身，離了色身的生滅可以另外求得法身的寂滅。又推論說涅槃常樂，要有某個身來受用，這是在執著生死，貪著世間的快樂。你應當知道，佛陀就因為一切迷執的眾生妄認五蘊假和的色身為自我，分別妄計一切法為外塵，貪生厭死，妄念遷流，不知人生如夢似幻，虛假不實，枉受生死輪回，反而將常樂的涅槃看成是苦，整天忙碌地奔馳營求俗務。佛憐憫這些迷執的人，才指示涅槃真樂。是沒有剎那生起的相可見，也沒有剎那壞滅的相可尋，更沒有生滅可滅，這才是涅槃寂滅分明現前的境界。而當它出現時，又沒有什麼以前思量的顯現，這就是所說的常樂。這種快樂沒有承受的人，也沒有什麼不承受的人，哪裡會有一體五用的名稱呢？更何況你還說涅槃禁伏一切，讓它們永遠不再生呢？這是在誹謗詆毀佛法了。請你聽我的偈：

無上大涅槃，圓明常寂照。凡愚謂之死，外道執為斷。
諸求二乘人，目以為無作。盡屬情所計，六十二見本。
妄立虛假名，何為真實義。惟有過量人，通達無取捨。
以知五蘊法，及以蘊中我。外現眾色象，一一音聲相。
平等如夢幻，不起凡聖見。不作涅槃解，二邊三際斷。
常應諸根用，而不起用想。分別一切法，不起分別想。
劫火燒海底，風鼓山相應。真常寂滅樂，涅槃相如是。
吾今強言說，令汝舍邪見。汝勿隨言解，許汝知少分。」

志道聽完偈後，終於覺悟，高興得手舞足蹈，向大師行禮後退出。

行思禪師，生吉州安城❶劉氏。聞曹溪法席盛化，逕來參禮。遂問曰：「當何所務，即不落階級？」

師曰：「汝曾作什麼來？」

曰：「聖諦亦不為。」

師曰：「落何階級？」

曰：「聖諦❷尚不為，何階級之有？」

師深器之，令思首眾。一日，師謂曰：「汝當分化一方，無令斷絕。」

思既得法，遂回吉州青原山，弘法紹化，諡號弘濟禪師。

懷讓禪師，金州❸杜氏子也。初謁嵩山安國師，安發之曹溪參叩。讓至禮拜。

師曰：「甚處來？」

曰：「嵩山。」

師曰：「什麼物？恁麼來？」

曰：「說似一物即不中。」

師曰：「還可修證否？」

曰：「修證即不無，污染即不得。」

師曰：「只此不污染，諸佛之所護念，汝即如是，吾亦如是。西天般若多羅讖❹：汝足下出一馬駒❺，踏殺天下人。應在汝心，不須速說。」

讓豁然契會，遂執侍左右一十五載，日臻玄奧。後往南嶽，大闡禪宗，敕諡大惠禪師。

【注釋】

❶吉州安城：今江西吉安。

❷聖諦：佛教基本的四個教義：苦、集、滅、道。

❸金州：今陝西安康。

❹讖：預言。

❺馬駒：指馬祖道一將成為懷讓的高足弟子。

【譯文】

行思禪師，生於江西吉安城，俗姓劉。他聽說曹溪六祖大師法席隆盛，化導無數，便前來參禮六祖。

行思問惠能大師說：「應當怎樣修行，就不會落漸悟的套路？」

惠能大師說：「你曾經怎樣修行？」

行思說：「我連對四聖諦都不修。」

惠能大師說：「你落到什麼套路？」

行思說：「我連四聖諦都不修，還落什麼套路呢？」

大師對行思十分器重，讓他做首席門徒。一天，惠能大師對他說：「你應當獨當一面去教化一方，不要讓正法斷絕失傳。」

行思既然已經得到了佛法三昧，於是返回吉州青原山，弘揚頓教法門，圓寂後被謚為弘濟禪師。

懷讓禪師出生在金州一戶杜姓人家。最初去嵩山拜謁安國師惠安大師，惠安大師打發他到曹溪參拜惠能大師。懷讓到了曹溪，向惠能大師禮拜。

惠能大師問他：「你從哪裡來？」

懷讓說：「從嵩山來。」

惠能大師說：「尋求什麼東西，怎麼來的？」

懷讓說：「如果說一件東西就不妙了。」

惠能大師說：「可以修證嗎？」

懷讓說：「修行證悟就不會沒有，執著某一念頭就不會有了。」

惠能大師說：「只這不執著某一念頭，就是各位佛所維護的，你是這樣，我也是這樣。西天的般若多羅法師有預言，說你門下會出一匹龍馬駒，馳騁天下無敵手。這個預言你要謹記於心，不必急著表白。」

懷讓豁然開悟，便留在惠能大師身邊奉持十五年，修養和智慧與日俱增，後來前往南嶽開設道場，把禪宗發揚光大，圓寂後被朝廷賜諡為大慧禪師。

永嘉玄覺禪師，溫州戴氏子。少習經論，精天臺❶止觀法門，因看《維摩經》，發明心地。

偶，師弟子玄策相訪，與其劇談，出言暗合諸祖。

策云：「仁者得法師誰？」

曰：「我聽方等經論，各有師承。後於《維摩經》，悟佛心宗，未有證明者。」

策云：「威音王❷已前即得，威音王已後，無師自悟，盡是天然外道。」

曰：「願仁者為我證據。」

策云：「我言輕，曹溪有六祖大師，四方雲集，並是受法者。若去，則與偕行。」

覺遂同策來參。繞師三匝，振錫而立。

師曰：「夫沙門者，具三千威儀，八萬細行。大德自何方而來，生大我慢？」

覺曰：「生死事大，無常迅速。」

師曰：「何不體取無生，了無速乎？」

曰：「體既無生，了本無速。」

師曰：「如是，如是。」

玄覺方具威儀禮拜，須臾告辭。

師曰：「返太速乎？」

曰：「本自非動，豈有速耶？」

師曰：「誰知非動？」

曰：「仁者自生分別。」

師曰：「汝甚得無生之意。」

曰：「無生豈有意耶？」

師曰：「無意誰當分別？」

曰：「分別亦非意。」

師日：「善哉，少留一宿。」

時謂一宿覺。後著《證道歌》，盛行於世。

【注釋】

❶天臺：天臺宗，以《法華經》為經典。

❷威音王：佛名。表示非常遙遠的年代，據說威音王時代，人的精神純正無邪。

【譯文】

永嘉玄覺禪師，溫州戴氏人家的兒子。自幼研習佛經理論，精通天臺止觀法門，因讀《維摩詰經》，得以知佛見性。

六祖的弟子玄策禪師偶然相訪，和他暢談，玄覺所說都能契合諸祖的意旨。

玄策就問：「你拜誰為師而得佛法？」

玄覺說：「我聽大乘經論，每部都各有師承，後來讀《維摩詰經》，悟得佛心宗，只是還沒有為我作證明的人。」

玄策說：「在威音王佛未出世以前，還可以說有無師自悟的人；在威音王佛出世以後，無師自悟的人，都是天然外道。」

玄覺說：「希望你能為我作印證。」

玄策說：「我人微言輕，曹溪有位惠能大師，各方都前往參學，而且都是領受正法的人。如果你要去，我們可一同前往。」

玄覺於是跟隨玄策來到曹溪參謁惠能大師。在惠能大師身邊繞轉了三圈，振錫杖，而後站立不動。

惠能大師說：「出家人應具有三千威儀和八萬細行，你從哪裡來，為何如此傲慢無禮？」

玄覺說：「生死的問題是人生的大事，變化太快，來不及多拜師尊。」

惠能大師說：「為什麼不去體會無生，來了悟生命來去本來就沒有所謂迅速不迅速呢？」

玄覺說：「領悟自性則自性本無生死，既無生死，也就無所謂變化太快。」

惠能大師說：「是這樣，是這樣。」

玄覺這才整肅儀容，頂禮拜謝，隨即告辭。

惠能大師說：「你就這樣回去，是不是太快了？」

玄覺說：「自性原本沒有什麼動與不動，因此，無所謂迅速與緩慢。」

惠能大師說：「什麼人知道本來不動？」

玄覺說：「是仁者自心生起的分別。」

惠能大師說：「你已經深悟無生的意念。」

玄覺說：「無生哪裡還有什麼意念在呢？」

惠能大師說：「如果沒有意念，誰來分別呢？」

玄覺說：「分別本身也是沒有意念。」

惠能大師說：「很好，再小住一晚吧。」

當時人們稱玄覺為一宿覺。後來玄覺禪師撰寫了《永嘉證道歌》，流傳於世。

禪者智隍，初參五祖，自謂已得正受❶。庵❷居長坐，積二十年。師弟子玄策游方至河朔❸，聞隍之名，造庵問云：「汝在此作什麼？」

隍曰：「入定。」

策云：「汝云入定，為有心入耶？無心入耶？若無心入者，一切無情草木瓦石，應合得定；若有心入者，一切有情含識之流，亦應得定。」

隍曰：「我正入定時，不見有有無之心。」

策曰：「不見有有無之心，即是常定，何有出入？若有出入即非大定。」

隍無對。良久，問曰：「師嗣誰耶？」

策云：「我師曹溪六祖。」

隍云：「六祖以何為禪定？」

策云：「我師所說，妙湛圓寂，體用如如。五陰本空，六塵非有。不出不入，不定不亂。禪性無住，離『住禪寂』，禪性無生，離『生禪想』，心如虛空，亦無虛空之量。」

隍聞是說，逕來謁師。

師問云：「仁者何來？」

隍具述前緣。

師云：「誠如所言，汝但心如虛空，不著空見，應用無礙，動靜無心，凡聖情忘，能所俱泯，性相如如❹，無不定時也。」

隍於是大悟，二十年所得心，都無影響。其夜河北士庶聞空中有聲云：「隍禪師今日得道。」

隍後禮辭，復歸河北，開化四眾❺。

【注釋】

❶正受：定心而離邪亂為「正」，無念無想而納法在心為「受」。

❷ 庵：此處指僧人修行的住所。
❸ 河朔：河北一帶。
❹ 性相如如：人之本性與物之相狀圓融無二，平等無二，稱之如如。
❺ 四眾：指比丘、比丘尼、優婆塞、優婆夷。

【譯文】

有一個修禪學的智隍，當初參拜過五祖弘忍，自己認為已得到真正的禪定。在庵廟裡打坐修行，已經二十年了。惠能大師的弟子玄策，雲遊到了河朔一帶，聽到了智隍的名聲，就到庵裡去訪問他，問：「你在這裡做什麼呢？」

智隍說：「我在打坐入定。」

玄策說：「你所說的入定，你入定時有心念呢，還是無心念呢？如果是無心念入定，那麼一切沒有生命的草、木、瓦、石，都應該能入定了。如果是有心入定的，那麼一切有情有識的普通眾生都應該能入定了。」

智隍說：「我在入定時，看不見什麼有心念還是無心念。」

玄策說：「看不見有以念還是無心念，就是常定，那麼還有什麼出定和入定可說呢？如果有出入可說，那你就不是真正的定。」

智隍無言以對。過了很久，智隍問玄策：「你是誰的弟子啊？」

玄策說：「我的老師是曹溪六祖。」

智隍問：「惠能大師以什麼為禪定呢？」

玄策說：「我的師傅所講的禪定，是妙不可言的圓寂境界，本體和應用融合為一。五蘊本來為空，六塵原非實有。所以沒有出定和入定的區別，也沒有神定和神亂的區別。禪的本性是不執著，不對禪定著意進入或者離開。禪的本性是不生不滅，並不執著要產生禪思冥想，而是心如虛空，但也沒有對虛空作度量的任何標準。」

智隍聽完玄策的話後，就直接前來參見惠能大師。

惠能大師問他：「你從哪裡來？」

智隍講述了與玄策相會的情況。

惠能大師說：「正像玄策說的，你只要心如虛空，又不著意於追求空的意識，那就能自在應對運用而通靈無所障礙，無論是動還是靜都能無所用心，無論是凡俗人還是聖人的情感都忘掉，主觀和客觀的差異都消除，這樣你的本性和表相沒有區別，你就無時無刻不在入定了。」

智隍於是豁然開悟，超越了二十年的刻意修行，不再執著了。當天夜裡，河北地區的士庶都聽到空中有聲音說：「智隍禪師今日悟道了。」

後來智隍辭別惠能大師，返回河北，弘揚禪學，教化僧俗四眾弟子。

一僧問師云：「黃梅意旨，甚麼人得？」

師云：「會佛法人得。」

僧云：「和尚還得否？」

師云：「我不會佛法。」

師一日欲濯所授之衣，而無美泉，因至寺後五里許，見山林鬱茂，瑞氣盤旋。師振錫卓地，泉應手而出，積以為池，乃膝跪浣衣石上。忽有一僧來禮拜，云：「方辯是西蜀人，昨於南天竺國，見達摩大師，囑方辯：『速往唐土，吾傳大迦葉正法眼藏及僧伽梨❶，見傳六代，於韶州曹溪，汝去瞻禮。』方辯遠來，願見我師傳來衣鉢。」

師乃出示，次問：「上人攻何事業？」

曰：「善塑。」

師正色曰：「汝試塑看。」

辯罔措。過數日，塑就真相，可高七寸，曲盡其妙。

師笑曰：「汝只解塑性，不解佛性。」

師舒手摩方辯頂，曰：「永為人天福田。」師乃以衣酬之。辯取衣分為三，一披塑像，一自留，一用棕裹瘞❷地中，誓曰：「後得此衣，乃吾出世，住持於此，重建殿宇。」

宋嘉祐八年，有僧惟先，修殿掘地，得衣如新。像在高泉寺，祈禱輒應。

有僧舉臥輪禪師偈云：

「臥輪有伎倆，能斷百思想。對境心不起，菩提日日長。」

師聞之，曰：「此偈未明心地，若依而行之，是加系縛。」

因示一偈曰：

惠能沒伎倆，不斷百思想。

對境心數起。菩提作麼長？

【注釋】

❶ 僧伽梨：三種僧衣之一。也稱九條衣，為進入王宮、村落時穿用，用九條乃至十五條布縫製而成。另外兩種為五條衣、七條衣。

❷ 瘞（音益）：掩埋。

【譯文】

有一位僧人問惠能大師說：「黃梅五祖的真諦，誰獲得傳授了？」

惠能大師說：「能領悟佛法的人得了。」

僧人又問：「師父你得到了嗎？」

惠能大師說：「我沒有領悟佛法。」

有一天，六祖想要洗滌五祖所傳授的法衣，卻找不到好泉水，因此就到寺後五里遠的地方，看到該處山林茂盛，瑞氣盤旋，六祖於是振動錫杖卓立該地，泉水立即應手湧出，積聚成為一個水池，六祖於是跪下，在石上洗衣。忽然有一僧前來頂禮膜拜，說：「我叫方辯，是西蜀人。不久前在南天竺國遇見了達摩大師，囑咐我說：『趕快到唐朝國土來，我傳給大迦葉的正宗佛法和佛衣，現在已經傳到第六代了，傳人在韶州的曹溪，你可以去瞻仰禮拜。』方辯遠道而來，希望見一下初祖大師傳下來的衣鉢。」

惠能大師於是將法衣給他看，然後問：「上人是做什麼事業的？」

方辯說：「我擅長雕塑佛像。」

大師肅然道：「你試著給我塑一尊像看看。」

方辯一時不知所措。過了幾天，方辯塑了一尊佛像，高七寸，惟妙惟肖。

惠能大師笑著說：「你只懂得塑像的道理，並不瞭解佛性。」

惠能大師伸手撫摸方辯的頭頂，說：「你將永遠享受人間和天上的福田。」

接著大師把袈裟送給了方辯作為酬謝。方辯拿了法衣，分成三份。一截披到塑成的慧能像上，一截自己保留，還有一截用棕葉包好埋在地裡。發誓說：「後世誰能得到這一塊法衣，那就是我投胎再生，那時我將在這裡重新修建佛殿，並做住持。」

宋嘉祐八年，有僧惟先，修殿掘地，得衣如新。像在高泉寺，祈禱輒應。

有一個僧人舉出臥輪禪師的一篇偈語說：

「臥輪有伎倆，能斷百思想。
對境心不起，菩提日日長。」
惠能大師聽後說：「這篇偈語還沒有明白自己的佛性，如果照它來修行，那是給自己的佛性加上了束縛。」
於是，另作了一首偈：
惠能沒伎倆，不斷百思想。
對境心數起，菩提作麼長？

〈頓漸品〉第八

對於禪宗的「頓」「漸」歷來人們爭論不休。針對當時禪宗中南北、頓漸等問題，六祖說得非常清楚：「法本一宗，人有南北；法即一種，見有遲疾。何名頓漸？法無頓漸，人有利鈍，故名頓漸。」

頓漸也不過是對機假名罷了。開悟從本質上說，就是找到了通向解脫的道路，這是因人而異的。但「悟」既有深淺，悟了之後仍有繼續修行的問題。

《楞嚴經》說：「理則頓悟，事非頓除」。這好比作家的靈感：平時學習寫作的體驗是「漸」，而靈感的出現為「頓」，一剎那的文思泉湧好比頓見本性。但如果不願付出長期的艱苦勞動，卻幻想坐等靈感，那只是一種妄想。連慧能大師都經歷了「先頓悟後漸修」的漫長過程，更何況我輩初學者？

所以，修行之人應樹立這樣一種正見：悟雖能一剎那見道，但開悟並非一了百了，悟了還須漸進，不斷提高悟境的層次。

從修行的實踐看，開悟見道可以有三個層次：一、是通過修行見到自性之後，有一種境界上的受用。二、是開悟之前我們沒有找到正確的道路，一旦悟了就找到了正道。三、是指方法，嚴格地說，開悟之後才是真正修行的開始，以後還有一個漫長的修持過程。

歷代禪師有幾個不是經歷了一番艱難困苦的磨煉才成就正果的？雲門禪師用功十七年，才做到「心猿罷跳，意馬休馳。」趙州和尚磨煉三十年，方才「打成一片，不雜用心。」黃蘗禪師說的好：「不經一番寒徹骨，怎得梅花撲鼻香？」——這正是我們修行之人應有的精神。

時，祖師居曹溪寶林，神秀大師在荊南❶玉泉寺。於時兩宗盛化，人皆稱南能北秀，故有南、北二宗頓、漸之分，而學者莫知宗趣。師謂眾曰：「法本一宗，人有南北；法即一種，見有遲疾。何名頓漸？法無頓漸，人有利鈍，故名頓漸。」

然秀之徒眾，往往譏南宗祖師：「不識一字，有何所長？」

秀曰：「他得無師之智，深悟上乘，吾不如也。且吾師五祖，親傳衣法，豈徒然哉？吾恨不能遠去親近，虛受國恩，汝等諸人，毋滯於此，可往曹溪參決❷。」

一日，命門人志誠❸曰：「汝聰明多智，可為吾到曹溪聽法。若有所聞，盡心記取，還為吾說。」

志誠稟命至曹溪，隨眾參請，不言來處。

時，祖師告眾曰：「今有盜法之人，潛在此會。」

志誠即出禮拜，具陳其事。

師曰：「汝從玉泉來，應是細作❹。」

對曰：「不是。」

師曰：「何得不是？」

對曰：「未說即是，說了不是。」

師曰：「汝師若為示眾❺？」

對曰：「常指誨大眾，住心觀淨，長坐不臥。」

師曰：「住心觀淨，是病非禪；長坐拘身，於理何益？聽吾偈曰：

生來坐不臥，死去臥不坐，
一具臭骨頭，何為立功課？」

【注釋】

❶荊南：今湖北當陽。

❷參決：參學、解決疑惑。

❸志誠：惠能弟子，吉州太和人，少時在當陽玉泉寺師從神秀。

❹細作：間諜、密探。

❺示眾：教誨訓導眾人。

【譯文】

當時，惠能大師住在曹溪寶林寺，神秀大師住在荊南玉泉寺。當時兩大宗派都很興盛，人們稱南能北秀。於是，有南北二宗頓悟與漸修的差別，但一般修行的人並不瞭解兩派各自的意趣。惠能大師對僧眾說：「佛法本來都是同一個宗旨，只是人有南北的分別；佛法本來也只有一種，只因眾生的根機而有見性遲、速的不同。什麼叫作頓或漸呢？佛法並沒有所謂頓、漸，而是因為人的根機有利鈍，所以才有所謂頓、漸。」

然而，神秀的門徒經常嘲諷南宗祖師惠能：「一個字都不認識，能有什麼可取的長處呢？」

神秀大師聽到這話後說：「惠能得到了無師自悟的智慧，已經深悟最上乘的佛法，我不如他。況且師父親自傳給他衣缽佛法，這難道是憑空傳授的？我只恨自己不能遠道前去親近他，在這裡枉受國家對我的恩寵，你們不要滯留在這裡，可以到曹溪去參訪，請他為你們破迷開悟。」

一天，神秀命令弟子志誠說：「你天資聰穎而富才智，可以替我到曹溪去聽法；如果有所聽聞，要好好記取，回來告訴我。」

志誠奉命來到曹溪，跟隨大眾一起向六祖參禮請益，沒有說明自己的來歷。

那時候，惠能大師對眾人說：「今天有想暗中盜法的人潛伏在這個法會之中。」

志誠聽後，立即出來施禮參拜，詳細說明自己前來求法的因由。

惠能大師說：「你從玉泉山來，應該是奸細。」

志誠說：「不是。」

惠能大師問：「為什麼說不是呢？」

志誠說：「沒有說明來意前可以說是，既然說明瞭就不是了。」

惠能大師問：「你師父是怎樣開示大眾的？」

志誠答：「家師經常教導大眾要住心一處，使成無念狀態，要長習靜坐而不倒臥。」

惠能大師說：「住心觀淨，是一種病而不是禪；久坐不動，傷及身體，對領悟佛理又有什麼益處呢？聽我的偈：

在世時常坐而不臥，死去後卻常臥不坐。

這只是一具臭骨頭，如何能做什麼功課？

志誠再拜曰：「弟子在秀大師處，學道九年，不得契悟。今聞和尚一說，便契本心。弟子生死事大，和尚大慈，更為教示。」

師曰：「吾聞汝師教示學人戒、定、慧法，未審汝師說戒、定、慧行相如何？與吾說看。」

誠曰：「秀大師說：『諸惡莫作名為戒，諸善奉行名為慧，自淨其意名為定。』彼說如此，未審和尚以何法誨人？」

師曰：「吾若言有法與人，即為誑汝，但且隨方解縛，假名三昧。如汝師所說戒、定、慧，實不可思議也。吾所見戒、定、慧又別。」

志誠曰：「戒、定、慧只合一種，如何更別？」

師曰：「汝師戒、定、慧接大乘人，吾戒、定、慧接最上乘人。悟解不同，見有遲疾。汝聽吾說，與彼同否？吾所說法，不離自性。離體說法，名為相說，自性常迷。須知一切萬法皆從自性起用，是真戒、定、慧法。聽吾偈曰：

『心地無非自性戒，心地無癡自性慧，心地無亂自性定，不增不減自金剛，身去身來本三昧。』」

誠聞偈，悔謝，乃呈一偈曰：

五蘊幻身，幻何究竟？

回趣真如，法還不淨。

師然之。復語誠曰：「汝師戒、定、慧，勸小根智人；吾戒、定、慧，勸大根智人。若悟自性，亦不立菩提涅槃。亦不立解脫知見。無一法可得，方能建立萬法。若解此意，亦名佛身，亦名菩提涅槃，亦名解脫知見。見性之人，立亦得，不立亦得，去來自由，無滯無礙，應用隨作，應語隨答，普見化身，不離自性，即得自在神通，遊戲三昧，是名見性。」

志誠再啟師曰：「如何是不立義？」

師曰：「自性無非、無癡、無亂，念念般若觀照。常離法相，自由自在。縱橫盡得，有何可立？自性自悟，頓悟頓修，亦無漸次。所以不立一切法。諸法寂滅，有何次第？」

志誠禮拜，願為執侍，朝夕不懈。

【譯文】

志誠聽後，再向六祖頂禮，說：「弟子在神秀大師那裡學道九年，不能契悟佛法，今天聽和尚這一席話，已經契合本心，有所了悟。弟子覺得生死事大，無常迅速，希望和尚慈悲，再給我教誨指示。」

六祖說：「我聽說你的老師是用戒、定、慧來教示學人，不知你的老師所說的戒、定、慧是甚麼樣子？你說給我聽聽看。」

志誠說：「神秀大師說：『一切惡事不去做叫作戒，奉行一切的善事叫作慧，自己清淨自己的心意叫作定。』他是這樣說的，不知和尚是用什麼法來教誨學人呢？」

六祖說：「如果我說我有佛法給人，那就是欺騙你；只是為了隨順方便替大家解除執縛，而假託個名稱叫做三昧。至於你的老師所說的戒、定、慧，實在是不可思議，我對戒、定、慧的見解又有所不同。」

志誠說：「戒定慧應該只有一種，為什麼會有不同呢？」

六祖說：「你的老師所說的戒、定、慧是接引大乘人，我的戒、定、慧是接引最上乘人。理解領悟能力不同，見性就有遲、速的差異。你聽我所說和他所說的有相同嗎？我所說的法，不離自性，如果離開自性本體而說法，就叫作著相說法，自性就常被迷惑。要知道，一切萬法都是從自性而起相用，這才是真正的戒、定、慧法。聽我說偈：『心地沒有是非就是自性戒，心地沒有癡念就是自性慧，心地沒有散亂就是自性定，不增不減的自性堅如金剛，自身來去自如皆本於三昧。』」

志誠聽完偈頌後，向六祖悔過謝恩，並呈上一首偈子：

五蘊假合成幻化身，既是幻化怎會究竟？

即使回向真如自性，倘猶著法還是不淨。

六祖稱許說好。

六祖又對志誠說：「你的老師說的戒、定、慧是勸小根智人，我說的戒、定、慧是勸大根智人。如果能夠悟得自性，就不必建立『菩提涅槃』，也不必建立『解脫知見』了。要到無有一法可得的境界，才能建立萬法。如果能夠領會這個道理，就叫做『佛身』，也叫做『菩提涅槃』、『解脫知見』。已經見性的人，要立這些佛法名稱也可以，不立也可以，去來自由，無所滯礙，當用之時隨緣作用，當說之時隨緣應答，普現一切化身，而不離自性，這樣就可以得到『自在神通』和『遊戲三昧』，這就叫作見性。」

志誠再請問六祖說：「『不立』的意義為何呢？」

六祖說：「自性沒有一念過非，沒有一念癡迷，沒有一念散亂，如果念念都能用智慧來觀照自心本性，常離一切法的形相執著，就能自由自在，縱橫三際十方，都能悠然自得，還有甚麼需要建立的呢？自性要靠自己覺悟，頓時開悟，頓時修證，並沒有一個漸進的次序，所以不必建立一切法。一切諸法本來常自寂滅，哪有什麼次第呢？」

志誠聽後，頂禮拜謝，願意為惠能大師執事，從早到晚都不懈怠。

僧志徹，江西人。本姓張，名行昌，少任俠。自南北分化，二宗主雖亡[1]彼我，而徒侶競起愛憎。時，北宗門人，自立秀師為第六祖，而忌祖師傳衣為天下聞，乃囑行昌來刺師。師心通，預知其事，即置金十兩於座間。

時夜暮，行昌入祖室，將欲加害。師舒頸就之，行昌揮刃者三，悉無

所損。

師曰：「正劍不邪，邪劍不正，只負汝金，不負汝命。」

行昌驚僕，久而方蘇。求哀悔過，即願出家。師遂與金，言：「汝且去，恐徒眾翻害於汝。汝可他日易形而來，吾當攝受❷。」

行昌稟旨宵遁。後投僧出家，具戒精進。

一日，憶師之言，遠來禮覲。

師曰：「吾久念汝，汝何來晚？」

曰：「昨蒙和尚舍罪，今雖出家苦行，終難報德。其惟傳法度生乎？弟子常覽《涅槃經》，未曉常、無常義。乞和尚慈悲，略為解說。」

師曰：「無常者，即佛性也；有常者，即一切善惡諸法分別心也。」

曰：「和尚所說，大違經文。」

師曰：「吾傳佛心印，安敢違於佛經？」

曰：「經說佛性是常，和尚卻言無常。善惡諸法乃至菩提心，皆是無常，和尚卻言是常。此即相違，令學人轉加疑惑。」

師曰：「《涅槃經》，吾昔聽尼無盡藏誦讀一遍，便為講說，無一字一義不合經文。乃至為汝，終無二說。」

曰：「學人識量淺昧，願和尚委曲開示。」

師曰：「汝知否？佛性若常，更說什麼善惡諸法，乃至窮劫，無有一人發菩提心者？故吾說無常，正是佛說真常之道也。又一切諸法若無常者，即物物皆有自性，容受生死，而真常性有不遍之處。故吾說常者，是佛說真無常義。佛比為凡夫外道執於邪常，諸二乘人於常計無常，共成八倒❸；故於涅槃了義教中，破彼偏見，而顯說真常、真樂、真我、真淨。汝今依言背義，以斷滅無常，及確定死常，而錯解佛之圓妙最後微言。縱覽千遍，有何所益？」

行昌忽然大悟，說偈曰：

因守無常心，佛說有常性。
不知方便者，猶春池拾礫。
我今不施功，佛性而現前。
非師相授與，我亦無所得。

師曰：「汝今徹也，宜名志徹。」

徹禮謝而退。

【注釋】

❶ 亡：通「無」。

❷ 攝受：接納，收為門徒。

❸ 八倒：指八種錯誤的見解。

【譯文】

僧人志徹，江西人，俗姓張，名叫行昌，少年時喜歡做行俠仗義之事。自從南宗和北宗分庭抗禮之後，兩位宗主雖然沒有彼此爭鋒的意思，兩派的徒眾卻互相競賽比拼。當時北宗門人自立神秀大師為禪宗第六祖，又忌諱慧能大師得到了五祖衣鉢的事已經被天下人所知，就派行昌前來刺殺惠能大師。惠能大師心有感應，預知這件事，便放了十兩黃金在座位上。

到了晚上，行昌潛入惠能大師的臥房，要殺害大師。大師伸出脖子讓他砍，行昌連砍了三刀，大師毫髮無損。

惠能大師說：「正直的劍俠不會有邪惡的行為，邪惡的劍客就不正直。我只欠你金錢，不欠你性命。」

行昌驚嚇得撲倒在地，過了很久才蘇醒過來。於是，向大師哀求悔過，願意剃髮出家。

惠能大師把黃金給了他，說：「你先去吧，我擔心我的弟子知道後加害於你。過些時候你改裝再來，那時我收你為徒。」

行昌遵照囑咐連夜逃遁，後來皈依佛門出家，受了具足戒，努力修行。一天，行昌想起惠能大師的指示，便遠道而來向大師頂禮參拜。

惠能大師說：「我念著你很久了，你怎麼來這麼晚？」

行昌回答：「上次承師父慈悲饒恕了弟子的罪過，現在我雖然出家苦苦修行，到底難以報答您的大恩大德，只有追隨您弘揚佛法普度眾生才能報答您吧？弟子常看《涅槃經》，卻沒有領會常和無常的意義，請師父慈悲，大概給我解釋一下。」

惠能大師說：「所謂無常，就是佛性；所謂有常，就是辨別一切善惡事物的分別心。」

行昌說：「師父所說，與經文完全不一樣。」

大師說：「我傳授的是釋迦牟尼佛的心印佛法，怎麼敢違背佛經？」

行昌說：「經文上說佛性是有常，師父卻說是無常；分別善惡的心思乃至修行成就菩提的意識，都是無常，師父卻說是常。這就與經文完全不一樣，這就更讓我疑惑不解。」

大師說：「《涅槃經》，我以前聽無盡藏朗讀了一遍，就給他解說其中微言大義，沒有一字一義是不符合經文的。現在對你講，也沒有兩樣。」

行昌說：「我的見識淺薄，望師父費心開導。」

惠能大師說：「你知道嗎？佛性如果有常不變，還說什麼善和惡的各種方便法門？那就到無窮劫數，也沒有一個人會萌發覺悟佛道的心了。所以我說佛性是無常有變化的，這才是佛所說的真正不變的常的真理。另一方面，一切物象如果是變化無常的，那麼所有事物的本性也都會生死無常，永恆的有常本性就不會存在了。所以我說的有常，就是佛所說真正無常的真諦。佛正因為凡夫俗子外道之人執著於錯誤的有常觀念，那些二乘之人把常說成無常，一共形成八種錯誤顛倒的見解，所以在《涅槃經》中破除偏見，明確闡明真正的有常，真正的快樂，真正的本性，真正的清淨。你現在拘泥於表面言句而違背了內在意義，不能靈活地理解，卻用死板的思想方法，錯誤地解釋佛的圓融微妙的意義，就是把經文讀上千遍，又有什麼用處呢？」

行昌聽了以後恍然大悟，說偈：

因守無常心，佛說有常性。
不知方便者，猶春池拾礫。
我今不施功，佛性而現前。
非師相授與，我亦無所得。

惠能大師說：「你現在已經徹底悟佛道了，應當改名為志徹。」

志徹行禮拜謝後退出。

有一童子名神會[1]，襄陽高氏子。年十三，自玉泉來參禮。

師曰：「知識！遠來艱辛，還將得本來否？若有本則合識主，試說看。」

會曰：「以無住為本，見即是主。」

師曰：「這沙彌爭合取次[2]語。」

會乃問曰：「和尚坐禪，還見不見？」

師以拄杖打三下，云：「吾打汝是痛不痛？」

對曰：「亦痛亦不痛。」

師曰：「吾亦見亦不見。」

神會問：「如何是亦見亦不見？」

師云：「吾之所見，常見自心過愆，不見他人是非好惡，是以亦見亦不見。汝言亦痛亦不痛如何？汝若不痛，同其木石；若痛則同凡夫，即起恚（音會）恨。汝向前見不見是二邊，痛不痛是生滅。汝自性且不見，敢爾弄人？」

神會禮拜悔謝。

師又曰：「汝若心迷不見，問善知識覓路；汝若心悟，即自見性，依法修行。汝自迷不見自心，卻來問吾見與不見。吾見自知，豈代汝迷？汝若自見，亦不代吾迷。何不自知自見，乃問吾見與不見？」

神會再禮百餘拜，求謝過愆；服勤給侍，不離左右。

一日，師告眾曰：「吾有一物，無頭無尾，無名無字，無背無面，諸人還識否？」

神會出曰：「是諸佛之本源，神會之佛性。」

師曰：「向汝道無名無字，汝便喚作本源佛性。汝向去有把茅蓋頭❸，也只成個知解宗徒❹。」

祖師滅後，會入京洛，大弘曹溪頓教，著《顯宗記》，盛行於世，是為荷澤禪師。

師見諸宗難問，咸起噁心，多集座下，愍❺而謂曰：「學道之人，一切善念惡念，應當盡除，無名可名，名於『自性』，無二之性，是名『實性』。於實性上建立一切教門，言下便須自見。」

諸人聞說，總皆作禮，請事為師。

【注釋】

❶神會：俗姓高，原從神秀，四十歲左右時去韶州追隨慧能。後以慧能嫡派自居，大力宣導南宗。「安史之亂」後病死於洛陽荷澤寺，稱荷澤神會。

❷取次：指輕率。

❸有把茅蓋頭：有個茅草棲身。

❹知解宗徒：是指主要以學習和理解經典文字為修行的學問僧人，而不注重自身修行領悟、提升智慧的和尚。

❺愍（音敏）：憐憫，哀憐。

【譯文】

有一個童子，名叫神會，襄陽縣人，俗姓高。十三歲時，從荊南的玉泉寺來禮拜惠能大師。

大師問：「善知識，遠來辛苦，帶來了『本』（自己的本性）沒有？如果有『本』就能認識『主』（佛性）了，你先說說看。」

神會說：「我以無所住（不執著）為『本』，能認識這一點就是『主』。」

大師說：「這個小和尚怎麼盡說些老生常談？」

神會問道：「師父坐禪，還有沒有思想活動？」

大師用拄杖打了神會三下，問：「我打你，你覺得痛還是不痛？」

神會答說：「也痛也不痛。」

大師說：「我也是既有思想活動也沒有思想活動。」

神會問惠能大師：「既有思想活動也沒有思想活動是一種什麼境界？」

惠能大師說：「我的思想活動，是經常想到自己思想裡的錯誤過失，而不想別人的是非好壞，這就是既有思想活動又沒有思想活動。你所說的也痛也不痛是什麼樣子呢？你如果不痛，你就像木石一樣沒有感覺；你如果痛，就和凡夫俗子一樣會產生憤恨的情感。你向前聽好了，我說的既有思想活動又沒有思想活動是『二邊』（辯證之意），你說的也痛也不痛是沒有破除生死的偏見。你連自己的本性都沒有認識清楚，就敢來這裡賣弄？」

神會跪拜表示道歉。

惠能大師又說：「如果你自己迷惑不能認識本性，就應當找善知識者請教，指點迷津；如果你已領悟了，就能自己認識自己的本性，依照佛法去修行了。現在你自己心念迷誤，不能認識自己的本性，卻來問我坐禪時有沒有思想活動。我的思想活動，我自己知道，怎能代替你解除迷誤？你如果有所領悟，也不能代替我解除迷惑。為什麼不去自己認識，自己發現自己的佛性，卻來問我的思想活動？」

神會再次向惠能大師施禮，拜了一百多次，謝罪道歉，然後在大師身邊勤謹服侍，不離大師左右。

有一天，惠能大師告訴大家：「我有一樣東西，沒有頭，沒有尾；沒有名，沒有字；沒有背，也沒有面，你們能明白嗎？」

神會走出來說：「是各位佛的本源，神會的佛性。」

惠能大師說：「我向你說無名無字，你卻說叫做佛的本源，你以後即使有茅蓬遮身，也只能成為一個咬文嚼字的宗徒。」

惠能大師圓寂後，神會去了京師一帶，把曹溪門風的頓悟禪宗大加弘揚，著有《顯宗記》，流傳世間，成為荷澤禪師。

六祖眼看各個宗派的人問難佛法，都心存不善，於是就把他們集合到座下，憐憫地對他們說道：「學道的人，對一切善惡念頭都應當除卻。當善惡都不去思量的時候，這種境界無以名之，假名為自性，這無二的自性，就叫作真如實性。在真如實性上建立一切教門，言下就應該見到自己的本性。」

大家聽了惠能大師的一番開示後，一起施禮，請求侍奉六祖為師。

〈護法品〉第九

本品述神龍元年（西元705年），中宗聞其玄風，遣內侍薛簡迎請入京，惠能稱病不起，詔賜衲衣寶帛，敕韶州刺史修飾寶林寺。在與薛簡談話中，惠能批評京師禪德「欲得會道，必須坐禪習定」的說法，指出：「道由心悟，豈在坐也。」

神龍元年上元日❶，則天、中宗❷詔云：「朕請安、秀二師，宮中供養，萬機之暇，每究一乘。二師推讓云：『南方有能禪師，密授忍大師衣法，傳佛心印，可請彼問。』今遣內侍薛簡，馳詔迎請，願師慈念，速赴上京。」

師上表辭疾，願終林麓。

【注釋】

❶神龍元年上元日：神龍是武則天年號，唐中宗沿用，神龍元年（即西元705年）。上元日，即陰曆正月十五，為上元節。

❷中宗：高宗太子，武則天之子，名顯，又名哲，（即西元683）年即帝位，即位後當年，被武后廢為盧陵王。武后被迫歸政後，中宗復位。後因惑於韋后而被弒於神龍殿。

【譯文】

神龍元年正月十五日，武則天和唐中宗下詔說：「朕已經迎請慧安大師和神秀大師到皇宮中供養，在日理萬機的空閒時間，每天研習一點佛法。二位大師推讓說：『南方有一位惠能大師，受弘忍大師密傳的衣鉢與佛法，傳授釋迦牟尼佛的心印，可以向他請教。』現在派遣內侍薛簡馳馬捧詔旨去迎請您，希望大師能大發慈悲，趕快來京城。」

惠能大師向來使呈交了一封稱病辭謝的表章，表示願終身生活在山林。

薛簡曰：「京城禪德皆云：『欲得會道，必須坐禪習定。若不因禪定而得解脫者，未之有也。』未審師所說法如何？」

師曰：「道由心悟，豈在坐也？經云：『若言如來若坐若臥，是行邪道。』何故？無所從來，亦無所去。無生無滅，是如來清淨禪❶；諸法空寂，是如來清淨坐。究竟無證，豈況坐耶？」

簡曰：「弟子回京，主上必問，願師慈悲，指示心要，傳奏兩宮，及京城學道者。譬如一燈燃百千燈，冥者皆明，明明無盡。」

師云：「道無明暗，明暗是代謝之義。明明無盡，亦是有盡，相待立名，故《淨名經》云：『法無有比，無相待故❷。』」

簡曰：「明喻智慧，暗喻煩惱。修道之人，倘不以智慧照破煩惱，無始生死，憑何出離？」

師曰：「煩惱即是菩提，無二無別。若以智慧照破煩惱者，此是二乘見解，羊鹿等機。上智大根，悉不如是。」

簡曰：「如何是大乘見解？」

師曰：「明與無明，凡夫見二。智者了達，其性無二。無二之性，即是實性。實性者，處凡愚而不減，在賢聖而不增，住煩惱而不亂，居禪定而不寂。不斷不常，不來不去，不在中間及其內外，不生不滅，性相如如，常住不遷，名之曰道。」

簡曰：「師說不生不滅，何異外道？」

師曰：「外道所說不生不滅者，將滅止生，以生顯滅，滅猶不滅，生說不生。我說不生不滅者，本自無生，今亦不滅，所以不同外道。汝若欲知心要，但一切善惡都莫思量，自然得入清淨心體，湛然常寂，妙用恒沙。」

簡蒙指教，豁然大悟，禮辭歸闕，表奏師語。

【注釋】

❶如來清淨禪：《楞伽經》中所說的四種禪之一，簡稱「如來禪」。

❷法無有比，無相待故：因為佛法是唯一的實相，不依賴其他條件而存在，所以是不可比擬的。

【譯文】

薛簡問惠能大師：「京城有德行的禪師都說：『要想得到佛道的真諦，必須打坐學習禪定，不經過禪定的功夫而獲得覺悟解脫的，還從來沒有過。』不知道大師您所講說的佛法宗旨是什麼？」

惠能大師回答：「佛道只能從內心得到覺悟，哪裡能靠坐禪打坐呢？經上說：『如果說佛是從坐、臥中得道，這是在修習邪道。』為什麼這麼說呢？因為無處可來，也無處可去，沒有生也沒有滅，這就是如來真正的清淨禪意。一切法都虛幻空寂，這就是如來真正的清淨打坐禪修。其深奧的境界無法做有形的證明，豈是打坐所能包括的？」

薛簡說：「弟子回京城後，皇上必定要問我所得，望大師大發慈悲，指示佛法的要旨，以便我上奏太后與皇上，並告訴京師中修習佛道的人。這就像一盞燈又點亮了千百盞燈，讓黑暗都變成了光明，光明普照無有窮盡。」

惠能大師說：「佛道無所謂光明和黑暗，明暗是相互代謝變化的意思。光明普照無有窮盡，也是有盡頭的，因為光明和黑暗是相對而存在的兩個名稱，所以《淨名經》說：『佛法是不能比擬的，因為沒有任何事物可以與之相對應。』」

薛簡問：「光明比喻智慧，黑暗比喻煩惱。修習佛道的人，如果不用智慧去照耀破除煩惱，那無始無終的生死輪回又怎麼能解脫呢？」

惠能大師回答：「煩惱就是菩提，它們並不是兩個東西，二者並沒有區別。如果要用智慧去照破煩惱，這是聲聞、緣覺二乘初級的看法，羊車、鹿車比喻的機緣根性。上智大根器的人，都不是這樣看的。」

薛簡問：「大乘的見解是什麼呢？」

惠能大師回答：「光明與無明，凡夫俗子們看做兩個東西，智慧的人就明白它們沒有區別。沒有區別的本性就是真實的本性。真實的本性，在凡俗的地位不會減少，在聖賢的地位也不會增加，停留在煩惱中不會因此而迷亂，到了禪定的境界中也不會因此而空寂。它是不會中斷也不會永恆的，不來也不去的，不在中間，也不在內部或外部，不生也不滅，它的性質和表相如一，總是存在而沒有變化，它的名字叫道。」

薛簡問：「大師所說的不生也不滅，這和外道的說法有什麼不同？」

大師說：「外道所說的不生也不滅，是要用滅來停止生，用生來顯示滅，這樣的滅等於不滅，這樣的生不是生。我所說的不生不滅，是指佛性本就沒有生，現在也不會滅，所以和外道不同。你如果要想獲得佛法要領，只要對一切善和惡都不思考，自然就進入清淨的心之本體了，那時你就清湛寧靜，妙用像恒河裡的沙粒一樣無窮無盡。」

薛簡得到惠能大師指教，豁然開朗，大悟妙旨，行禮告別大師。返回宮中，把六祖所說上奏皇上。

其年九月三日，有詔獎諭師曰：「師辭老疾，為朕修道，國之福田。師若淨名托疾毗耶，闡揚大乘，傳諸佛心，談不二法。薛簡傳師指授如來知見，朕積善餘慶，宿種善根，值師出世，頓悟上乘，感荷師恩，頂戴無

已。」並奉磨衲袈裟❶及水晶鉢，勅韶州刺史修飾寺宇，賜師舊居為國恩寺。

【注釋】

❶磨衲袈裟：一種名貴的袈裟，據說是高麗國（朝鮮）所出產。

【譯文】

還餉資糧那一年九月三日，朝廷有詔旨下發對大師給予表揚：「慧能大師因年老多病而辭謝進宮召請，他留在民間為朕修行佛道，這是在為國家種福田修功德。大師就像《淨名經》裡的維摩居士一樣，託病在毗耶城，闡揚大乘教法，傳授各位佛的教義，宣講不二的法門。薛簡帶回了大師傳授的如來智慧，朕多年行善積德，種下善根，才有這樣的果報，幸遇大師出世，讓朕頓悟了上乘的智慧。感謝大師的恩惠，感激無限。奉上磨衲袈裟和水晶鉢盂，敕命韶州刺史重新裝修佛寺，並賜大師舊居寺廟為國恩寺。」

〈付囑品〉第十

作為全書的結尾，本品由六祖對禪宗大法進行了總結，並提出了指導說法的「三十六對」。其具體方法儘管很多，根本精神則為「出入即離兩邊」，也就是「外於相離相，內於空離空」，實際上仍是反觀自性的悟道法：「不生愛憎」，「不念利益成壞」，「安閒恬靜，虛融澹泊」，「行住坐臥，純一直心，不動道場，真成淨土」。

所以，禪宗雖說是「教外別傳」，但根本上與淨土宗是一致的：「心淨則土淨，心不淨則土不淨。」

這是我們學習《壇經》必須明瞭的問題。如何將頓漸結合，禪淨共修，使我們有更大的受益。再說說學《壇經》的平等心，大小菩薩都一律平等，都無我相。無我才能平等，大家無我，同一法界。

大師自性發揮作用，才能對於外相而不執著，對於內空也不執著，從而得到自在。大師最後的開示，是講眾生與佛性的關係的。

師一日喚門人法海、志誠、法達、神會、智常、智通、志徹、志道、法珍、法如等，曰：「汝等不同餘人，吾滅度後，各為一方師。吾今教汝說法，不失本宗。

「先須舉三科法門，動用三十六對，出沒即離兩邊，說一切法，莫離自性。忽有人問汝法，出語盡雙，皆取對法，來去相因。究竟二法盡除，更無去處。

「三科法門者，陰、界、入也。陰是五陰：色、受、想、行、識是也。入是十二入，外六塵：色、聲、香、味、觸、法；內六門：眼、耳、鼻、舌、身、意是也。界是十八界，六塵、六門、六識是也。自性能含萬法，名含藏識❶。若起思量，即是轉識❷。生六識，出六門，見六塵，如是一十八界，皆從自性起用。」

【注釋】

❶含藏識：即藏識，此識是含藏諸法的種子，八識中的第八識，阿賴耶識。

❷轉識：即末那識，也稱執我識或計執識。八識中的第七識，一為第六識之根。

【譯文】

有一天，惠能大師叫來門徒法海、志誠、法達、神會、智常、智通、志徹、志道、法珍、法如等人，對他們說：「你們和其他人不同，等到我圓寂以後，你們要各自成為一方的禪宗領袖。我現在教授你們怎樣宣講佛法，才不失去本門的宗旨。

「講佛法時，先要舉出三科法門，運用三十六相對法，出沒於相對，同時立即離開了相對的兩邊，說一切法門，都不要離開自性。假如突然有人向你請教佛法，回答時要語義雙關，都要用相對法，來和去互為因果，最終連來和去相對二法也要予以消泯，不執著任何一面。

「所謂三科法門，就是指的陰、界、入。陰是五陰：即色、受、想、行、識。入就是十二入，就是身外的『色、聲、香、味、觸、法』六塵，和身體的『眼、耳、鼻、舌、身、意』六門。界是十八界，就是六塵、六門、六識的合稱。自性能含育萬法，所以叫做含藏識。如果起了分別思量，就是轉識。這時就會生六識，出六門，見六塵，像這樣的十八界，都是從自己的自性中發生和運用出來的。」

「自性若邪，起十八邪；自性若正，起十八正。若惡用即眾生用，善用即佛用，用由何等？由自性有。

「對法外境，無情五對❶：天與地對，日與月對，明與暗對，陰與陽對，水與火對，此是五對也。

「法相語言十二對❷：語與法對❸，有與無對，有色與無色對，有相與無相對，有漏與無漏對，色與空對，動與靜對，清與濁對，凡與聖對，僧與俗對，老與少對，大與小對，此是十二對也。

「自性起用十九對：長與短對，邪與正對，癡與慧對，愚與智對，亂與定對，慈與毒對，戒與非對，直與曲對，實與虛對，險與平對，煩惱與菩提對，常與無常對，悲與害對，喜與瞋對，舍與慳對，進與退對，生與滅對，法身與色身對，化身與報身對，此是十九對也。」

師言：「此三十六對法，若解用，即道貫一切經法，出入即離兩邊。」

【注釋】

❶外境無情五對：外在的、無情的自然境物，相對的有五種。

❷法相語言十二對：事物的相狀和所用的概念名詞，相對的有十二種。

❸語與法對：語言和佛法相對。

【譯文】

「自己的本性如果邪惡，就會生起十八種邪惡；自己的本性如果正派，就會生起十八種良好的品行。如果被惡念所用，那就是眾生的行為；如果被善念所用，就是佛的行為。是什麼決定被邪惡、還是被正派所用？是由自己的本性所決定的。

「外界的相對，有無情五對：天與地相對，日與月相對，明與暗相對，陰與陽相對，水與火相對，這是五對。

「現象語言有十二對：語與法對，有與無對，有色與無色對，有相與無相對，有漏與無漏對，色與空對，動與靜對，清與濁對，凡與聖對，僧與俗對，老與少對，大與小對，這是十二對。

「從自己的本性發生作用的有十九對：長與短對，邪與正對，癡與慧對，愚與智對，亂與定對，慈與毒對，戒與非對，直與曲對，實與虛對，險與平對，煩惱與菩提對，常與無常對，悲與害對，喜與瞋對，舍與慳對，進與退對，生與滅對，法身與色身對，化身與報身對，這就是十九對。」

惠能大師說：「這三十六個相對的法則，你們如果能理解，並靈活運用，就會使佛道貫穿於所有經典和佛法中，運用都能脫離相對的兩邊，不生偏執。」

「自性動用，共人言語，外於相離相，內於空離空氣若全著相，即長邪見；若全執空，即長無明。執空之人有謗經，直言不用文字。既云不用文字，人亦不合語言，只此語言，便是文字之相。又云直道不立文字❷，即此『不立』兩字，亦是文字。見人所說，便即謗他言著文字。汝等須知，自迷猶可，又謗佛經。不要謗經，罪障無數。

「若著相於外，而作法求真。或廣立道場，說有無之過患。如是之人，累劫不得見性。但聽依法修行，又莫百物不思，而於道性窒礙。若聽說不修，令人反生邪念；但依法修行，無住相法施。汝等若悟，依此說，依此用，依此行，依此作，即不失本宗。

「若有人問汝義，問有將無對，問無將有對，問凡以聖對，問聖以凡對；二道相因，生中道義。

「如一問一對，餘問一依此作，即不失理也。設有人問：『何名為暗？』答云：『明是因，暗是緣，明沒則暗。以明顯暗，以暗顯明。來去相因，成中道義。』餘問悉皆如此。汝等於後傳法，依此轉相教授，勿失宗旨。」

【注釋】

❶外於相離相，內於空離空：對外在事物不應執著於其相狀，對內在心念則不應執著於空無。

❷直道不立文字：直道，正確的教法。意思是理解正確的教法，不借助語言文字，直接成就佛道。

【譯文】

「真如自性隨緣起用，和人言談時，對外要能即於一切相而不執著一切相，在內要能即空而不執著空。如果完全著相，就會助長邪見；如果完全著空，就會增長無明。執著空見的人，有的誹謗佛經，肯定地說『不用文字』。既然說不用文字，那麼人也不應該有語言，因為這語言本身就是文字的相。又說『直指之道不立文字』，就是這『不立』兩個字，也是文字。又見到別人在說法，就誹謗別人所說著在文字。你們應該知道！自己執迷還罷了，又誹謗佛經。千萬不可誹謗經法，否則將造下無量無邊的罪業！

「如果外著於相，而造作有為法來尋求真道；或者到處建立道場，而辯論有無的過患，像這樣的人，即使歷經多劫也不可能明心見性。只許依照正法修行，又不可什麼都不想，這樣反將造成佛道上的障礙。如果只是聽人說法而不實地修行，反而會使人生起邪念。因此要依照正法修行，說法不要住相。你們如果能夠悟解，並且依照這樣去說、去用、去行、去作，就不會失去我門派的根本宗旨了。

「如果有人問佛法的意義，問『有』，就用『無』來答；問『無』，就用『有』來答；問『凡』，就用『聖』來答；問『聖』，就用『凡』來答。兩道互為因果，就產生了保持在中道的意義。

「像這樣一問一對，其餘的問題也完全依照這樣作答，就不會失卻中道的理體了。假如有人問：『什麼叫暗？』就回答：『明就是因，暗就是緣，光明消失了就是暗。以光明去顯示暗，用暗顯示明，一來一回相互為因，而成中道義理。』其他問題也都像這樣回答。你們今後傳授佛法，就這樣轉相教授，不要失卻頓門宗旨。」

師於太極元年壬子，延和七月❶，命門人往新州國恩寺建塔，仍令促工。次年夏末落成。七月一日，集徒眾曰：「吾至八月，欲離世間。汝等有疑，早須相問，為汝破疑，令汝迷盡。吾若去後，無人教汝。」

法海等聞，悉皆涕泣。惟有神會，神情不動，亦無涕泣。

師云：「神會小師❷，卻得善不善等，毀譽不動，哀樂不生，餘者不得。數年山中，竟修何道？汝今悲泣，為憂阿誰❸？若憂吾不知去處，吾自知去處。吾若不知去處，終不預報於汝。汝等悲泣，蓋為不知吾去處。若知吾去處，即不合悲泣。法性本無生滅、去來。汝等盡坐，吾與汝說一偈，名曰《真假動靜偈》，汝等誦取此偈，與吾意同。依此修行，不失宗旨。」

眾僧作禮，請師作偈，偈曰：

一切無有真，不以見於真。若見於真者，是見盡非真。
若能自有真，離假即心真。自心不離假，無真何處真。
有情即解動，無情即不動。若修不動行，同無情不動。
若覓真不動，動上有不動。不動是不動，無情無佛種。
能善分別相，第一義不動。但作如此見，即是真如用。
報諸學道人，努力須用意。莫於大乘門，卻執生死智。
若言下相應，即共論佛義。若實不相應，合掌令歡喜。
此宗本無淨，淨即失道意。執逆淨法門，自性入生死。

【注釋】

❶太極元年壬子，延和七月：太極是唐睿宗的年號，太極元年是西元712年，那一年的農曆紀年是壬子。延和也是唐睿宗的年號，西元712年五月以前為太極，五月以後改號延和，說到七月故名延和七月。

❷小師：受足戒未滿十年的出家人。也是師傅對弟子的稱呼。

❸阿誰：即誰。

【譯文】

大師在太極元年，歲在壬子，延和七月，命令門徒們到新州國恩寺修建墓塔，並督促儘早完工。第二年夏末，墓塔建成。這年七月一日，大師召集門徒們說：「我到八月份要離開人世。你們有什麼疑難問題，儘早問我，我還能為你們解疑答難，讓你們的迷惑得以消除。我走了以後，就沒有人再教你們了。」

法海等人聽完這番話後，都哭泣起來。只有神會，不動聲色，也不哭泣。

惠能大師說：「神會小禪師，只有你達到了無善無不善，毀譽不驚，哀樂俱不動心的境界，其他人都沒有達到。你們在山裡修行了好幾年，到底修得什麼佛道呢？你們現在悲哀哭泣，是為誰感到憂傷呢？如果擔憂我不知何往，我自己是知道我要到什麼地方去的。如果我不知道我去哪兒，也就不會預先告訴你們了。你們悲哀哭泣，是因為不知道我將去哪兒，如果知道我的去處，就不應該悲哀哭泣。佛法的本質本來就是講究既沒有生也沒有死，既沒有去也沒有來。你們都坐下，我給你們念一篇偈語，名叫《真假動靜偈》。你們記誦這篇偈語，就會和我心心相印，照它修行，就不會失去我的宗旨。」

於是眾位僧人一起致禮，請惠能大師念偈，這篇偈語說：

一切無有真，不以見於真。若見於真者，是見盡非真。
若能自有真，離假即心真。自心不離假，無真何處真。
有情即解動，無情即不動。若修不動行，同無情不動。
若覓真不動，動上有不動。不動是不動，無情無佛種。
能善分別相，第一義不動。但作如是見，即是真如用。
報諸學道人，努力須用意。莫於大乘門，卻執生死智。
若言下相應，即共論佛義。若實不相應，合掌令歡喜。

此宗本無淨，諍即失道意。執逆諍法門，自性入生死。

時，徒眾聞說偈已，普皆作禮。並體師意，各各攝心❶，依法修行，更不敢諍。乃知大師不久住世，法海上座，再拜問曰：「和尚入滅之後，衣法當付何人？」

師曰：「吾於大梵寺說法，以至於今，抄錄流行，目曰《法寶壇經》。汝等守護，遞相傳授，度諸群生。但依此說，是名正法。今為汝等說法，不付其衣，蓋為汝等信根淳熟，決定無疑，堪任大事。然據先祖達摩大師付授偈意，衣不合傳。偈曰：

吾本來茲土，傳法救迷情。
一華開五葉，結果自然成。」

【注釋】

❶攝心：收攏心緒。

【譯文】

當時，眾門徒聽了偈語後，大家都禮贊不已，體會了師父說的微言大義，都收攝浮躁之心，一定按照大師所說佛法修行，不再敢有所爭執了。大家知道大師不會久留世間了，首座法海再次施禮問道：「師父去世以後，衣缽和佛法將交付給什麼人？」

大師說：「我從大梵寺講說佛法開始，一直到今天，大家抄錄傳播，名叫《法寶壇經》。你們要好好護守此經，代代相傳，超度眾生，按《壇經》這部佛經修行，就是正確的佛法。我現在給你們解說佛法，不再傳授袈裟，因為你們的根基已經很牢固，不再有任何動搖，可以勝任傳授佛法的大事。根據先祖菩提達摩大師所傳授詩偈的意思，袈裟也不應該再傳下去了。達摩大師的詩偈是：

吾本來茲土，傳法救迷情。

一華開五葉，結果自然成。」

師復曰：「諸善知識，汝等各各淨心，聽吾說法：若欲成就種智❶，

須達一相三昧、一行三昧。若於一切處而不住相，於彼相中不生憎愛，亦無取捨，不念利益成壞等事，安閒恬靜，虛融澹泊，此名一相三昧。若於一切處，行住坐臥，純一直心，不動道場，真成淨土，此名一行三昧。若人具二三昧，如地有種，含藏長養，成熟其實。一相一行，亦復如是。我今說法，猶如時雨，普潤大地。汝等佛性，譬諸種子，遇茲霑洽❷，悉得發生。承吾旨者，決獲菩提，依吾行者，定證妙果。聽吾偈曰：

心地含諸種，普雨悉皆萌。
頓悟華情已，菩提果自成。

師說偈已，曰：「其法無二，其心亦然。其道清淨，亦無諸相。汝等慎勿觀靜，及空其心。此心本淨，無可取捨，各自努力，隨緣好去。」

爾時，徒眾作禮而退。

【注釋】

❶種智：指佛的智慧，是指達到無所不知的境地。

❷霑洽：指滋潤。

【譯文】

惠能大師又說：「各位善知識們！你們要各自清淨自己的心，聽我講說佛法。你們如果成就佛的一切智慧，必須通達一相三昧和一行三昧。如果能夠在任何地方都不執著於表面現象，對於這些形相不生愛憎之情，也沒有取此舍彼的傾向，不考慮利益得失等事情，總是安閒寧靜，超然淡泊，這就叫一相三昧。如果能在一切情況下，行住坐臥，都能保持一種純潔正直的心境，做真心不動的佛事，真正的淨土世界，這就叫一行三昧。如果一個人具備了這兩個三昧，就會像在土地上播下了種子一樣，在地底發育，破土而出繼續生長，最後結出果實。一相三昧和一行三昧的道理，也是這樣。

我現在給你們講說佛法，就像是適時春雨，普遍滋潤大地，你們的自有佛性，就像是種子，遇到了雨露滋養，都發芽生長。凡是繼承我的宗旨的，必然會獲得智慧，依照我的教導修行的，肯定成就妙諦正果。

請聽我再念詩偈：

心地含諸種，普雨悉皆萌。

頓悟華情已，菩提果自成。」

大師念完了詩頌以後又說：「佛法沒有兩樣，佛心也一樣，它的本質是清淨的，原本沒有什麼可以執著。你們要謹慎，不要有意沉溺於靜止和空無的境界，要知道這顆心本來就是清淨的，沒有什麼可取和可捨的。你們各自努力上進吧，各隨緣法好自為之吧。」

當時，眾門徒聽了以後，向大師行禮致謝，退了出去。

大師七月八日，忽謂門人曰：「吾欲歸新州，汝等速理舟楫。」

大眾哀留甚堅。

師曰：「諸佛出現，猶示涅槃。有來必去，理亦常然。吾此形骸，歸必有所。」

眾曰：「師從此去，早晚可回？」

師曰：「葉落歸根，來時無口。」

又問曰：「正法眼藏，傳付何人？」

師曰：「有道者得，無心者通。」

又問：「後莫有難否？」

師曰：「吾滅後五六年，當有一人來取吾首。聽吾記曰：頭上養親，口裡須餐。遇滿之難，楊柳為官。」

又云：「吾去七十年，有二菩薩，從東方來，一出家，一在家。同時興化，建立吾宗。締緝伽藍❶，昌隆法嗣。」

問曰：「未知從上佛祖應現已來，傳授幾代。願垂開示。」

師云：「古佛應世，已無數量，不可計也。今以七佛為始：過去莊嚴劫❷毗婆屍佛，屍棄佛，毗舍浮佛。今賢劫❸拘留孫佛，拘那含牟尼佛，迦葉佛，釋迦文佛，是為七佛。已上七佛，今以釋迦文佛首傳。第一摩訶迦葉尊者，第二阿難尊者，第三商那和修尊者，第四優波毬多尊者，第五提多迦尊者，第六彌遮迦尊者，第七婆須蜜多尊者，第八佛馱難提尊者，第九伏馱蜜多尊者，第十脅尊者，十一富那夜奢尊者，十二馬鳴大士，十三迦毗摩羅尊者，十四龍樹大士，十五迦那提婆尊者，十六羅　羅多尊者，十七僧伽難提尊者，十八伽耶舍多尊者，十九鳩摩羅多尊者，二十闍耶多尊者，二十一婆修盤頭尊者，二十二摩拏羅尊者，二十三鶴勒那尊者，二十四師子尊者，二十五婆舍斯多尊者，二十六不如蜜多尊者，二十七般若多羅尊者，二十八菩提達摩尊者，二十九慧可大師，三十僧璨大師，三十一道信大師，三十二弘忍大師，惠能是為三十三祖。從上諸祖，各有稟承。汝等向後，遞代流傳，毋令乖誤。」

【注釋】

❶伽藍：梵語僧伽藍摩之省，意為佛寺。

❷莊嚴劫：三世之三大劫中，過去之大劫，名莊嚴劫。

❸賢劫：現在之住劫，名為賢劫。現在之住劫二十增減中，有千佛出世，故名賢劫。

【譯文】

七月八日，惠能大師忽然對門徒們說：「我想要回新州去了，你們趕快準備船隻。」

弟子們苦苦哀求挽留。

惠能大師說：「諸佛出世，也都要示現涅槃。有來必然有去，這是常理。我的這一具肉體形骸，也要回到應該去的地方。」

弟子們說：「大師從此一去，什麼時候才能回來？」

惠能大師說：「葉落必歸根，來時沒法說。」

徒眾們又問：「禪學正法，將傳給誰？」

惠能大師說：「修得佛道的人會得到，修到不動心境界的人會通曉。」

大家又問：「以後您還會有劫難嗎？」

惠能大師說：「我去世後五六年，會有一人來偷取我的頭。你們聽我說預言：

頭上養親，口裡須餐。遇滿之難，楊柳為官。」

大師又說：「我去世後七十年，會有兩位菩薩，從東方來，一個出家，一個在家，同時興起，光大我的宗門，大修廟宇伽藍，使佛法昌盛興隆。」

眾門徒又問：「不知從最早的佛祖應世出現以來，到現在已經傳授了多少代？望大師告知。」

大師回答道：「從遠古以來，佛代代應世出現，已經多得不可勝數了。現在從七佛算起，在過去的莊嚴劫時，有毗婆屍佛、屍棄佛、毗舍浮佛，在現在的賢劫時有拘留孫佛、拘那含牟尼佛、迦葉佛、釋迦文佛，這就是七佛。

釋迦文佛首傳摩訶迦葉尊者，第二代是阿難尊者，第三代是商那和修尊者，第四代是優波毬多尊者，第五代是提多迦尊者，第六代是彌遮迦尊者，第七代是婆須蜜多尊者，第八代是佛駄難提尊者，第九代是伏駄蜜多尊者，第十代是脅尊者，第十一代是富那夜奢尊者，第十二代是馬鳴大士，第十三代是迦毗摩羅尊者，第十四代是龍樹大士，第十五代是迦那提婆尊者，第十六代是羅　羅多尊者，第十七代是僧迦難提尊者，第十八代是迦耶舍多尊者，第十九代是鳩摩羅多尊者，第二十代是闍耶多尊者，第二十一代是婆修盤頭尊者，第二十二代是摩拏羅尊者，第二十三代是鶴勒那尊者，第二十四代是師子尊者，第二十五代是婆舍斯多尊者，第二十六代是不如蜜多尊者，第二十七代是般若多羅尊者，第二十八代是菩提達摩尊者，第二十九代是慧可大師，第三十代是僧璨大師，第三十一代是道信大師，第三十二代是弘忍大師，惠能是第三十三祖。以上各代祖師，各有師徒相承關係。你們往後也要代代相傳，不要出差錯和中斷。」

大師先天二年❶癸丑歲，八月初三日，於國恩寺齋罷，謂諸徒眾曰：「汝等各依位坐，吾與汝別。」法海白言：「和尚留何教法，令後代迷人得見佛性？」師言：「汝等諦聽，後代迷人，若識眾生，即是佛性。若不識眾生，萬劫覓佛難逢。吾今教汝，識自心眾生，見自心佛性。欲求見佛，但識眾生。只為眾生迷佛，非是佛迷眾生。自性若悟，眾生是佛；自性若迷，佛是眾生。自性平等，眾生是佛；自性邪險，佛是眾生。汝等心若險曲，即佛在眾生中；一念平直，即是眾生成佛。我心自有佛，自佛是真佛，自若無佛心，何處求真佛？汝等自心是佛，更莫狐疑。外無一物而能建立，皆是本心生萬種法。故經云：心生種種法生，心滅種種法滅。吾今留一偈，與汝等別，名《自性真佛偈》，後代之人識此偈意，自見本心，自成佛道。偈曰：

真如自性是真佛，邪見三毒是魔王。
邪迷之時魔在舍，正見之時佛在堂。
性中邪見三毒生，即是魔王來住舍。
正見自除三毒心，魔變成佛真無假。

法身報身及化身，三身本來是一身。
若向性中能自見，即是成佛菩提因。
本從化身生淨性，淨性常在化身中。
性使化身行正道，當來圓滿真無窮。
淫性本是淨性因，除淫即是淨性身。
性中各自離五欲，見性剎那即是真。
今生若遇頓教門，忽悟自性見世尊。
若欲修行覓作佛，不知何處擬求真。
若能心中自見真，有真即是成佛因。
不見自性外覓佛，起心總是大癡人。
頓教法門今已留，救度世人須自修。
報汝當來學道者，不作此見大悠悠。」

【注釋】

❶ 先天二年：先天是唐玄宗年號，先天二年是西元713年（同年先天改開元，故也

是開元元年），農曆是癸丑年。

【譯文】

先天二年，歲在癸丑，八月初三，大師在國恩寺吃完齋飯後，對各位徒弟說：「你們各自依次序坐好，我要與你們永別了。」法海說：「和尚留下什麼教法，讓後代迷惑的人可以明白佛性呢？」大師回答說：「你們仔細聽著：後代的迷惑不悟之人，如果能夠認識眾生是什麼，就能明白佛性。如果不能認識眾生是什麼，那麼即使經歷千萬劫數，也難以尋覓到佛性。我現在就教你們認識自己心中的眾生，明白自己心中的佛性。要想求得佛性，只有認識眾生。因為是眾生難以認識佛，不是佛不認識眾生。自己的本性如果覺悟了，眾生就是佛；自己的本性如果迷惑，佛也是眾生。自己的本性如果是公正平等的，眾生就是佛；自己的本性如果是邪惡險詐的，佛也是眾生。你們如果心存險詐曲折，那麼佛也會立刻變成眾生；如果有一個念頭公平正直，在產生這個念頭時你就從眾生變成了佛。我的心中本來有佛性，自己心中的佛才是真正的佛，自己如果沒有佛心，又到哪裡去求真正的佛呢？你們自己的心就是佛，對此再不要有絲毫懷疑。外界沒有一件事物是真正能建立的，都是自己的本心產生千萬種法相。所以經文上說：『心生種種法生，心滅種種法滅。』我現在留下一篇偈語，向你們告別，叫做《自性真佛偈》，後代的人能懂得這篇偈語的意思，自然就認知自己的本心而自己成就佛道了。偈語是：

真如自性是真佛，邪見三毒是魔王。
邪迷之時魔在舍，正見之時佛在堂。
性中邪見三毒生，即是魔王來住舍。
正見自除三毒心，魔變成佛真無假。
法身報身及化身，三身本來是一身。
若向性中能自見，即是成佛菩提因。
本從化身生淨性，淨性常在化身中。
性使化身行正道，當來圓滿真無窮。
淫性本是淨性因，除淫即是淨性身。
性中各自離五欲，見性剎那即是真。
今生若遇頓教門，忽遇自性見世尊。

若欲修行覓作佛，不知何處擬求真。
若能心中自見真，有真即是成佛因。
不見自性外覓佛，起心總是大癡人。
頓教法門已今留，救度世人須自修。
報汝當來學道者，不作此見大悠悠。」

師說偈已，告曰：「汝等好住，吾滅度後，莫作世情悲泣雨淚，受人吊問，身著孝服，非吾弟子，亦非正法。但識自本心，見自本性，無動無靜，無生無滅，無去無來，無是無非，無住無往。恐汝等心迷，不會吾意，今再囑汝，令汝見性。吾滅度後，依此修行，如吾在日。若違吾教，縱吾在世，亦無有益。」復說偈曰：

「兀兀❶不修善，騰騰❷不造惡。
寂寂斷見聞，蕩蕩心無著。」

師說偈已，端坐至三更，忽謂門人曰：「吾行矣。」奄然遷化❸。

於時異香滿室，白虹屬地。林木變白，禽獸哀鳴。

【注釋】

❶兀兀：不動的樣子。

❷騰騰：自在無為的樣子。

❸奄然遷化：奄然，忽然。遷化，逝世的別稱。意指溘然而逝。

【譯文】

惠能大師念完偈語以後，對大家說：「你們好好珍重吧，我圓寂後，不要像世俗人那樣悲傷哭泣淚如雨下。如果接受他人的弔唁，身上披麻戴孝，就不是我的弟子，也不符合真正的佛法。只要認識自己的本心，發現自己本具的佛性，那就達到了既無動也無靜，既無生也無滅，既無去也無來，既無是也無非，既無住也無往。我怕你們心念迷誤，不懂我的意思，現再次囑咐你們，讓你們認識自己本具的佛性。我圓寂後，你們照此修行，就像我在的時候一樣；如果你們違背了我的頓教法門，即使我還在世，對你們也沒有什麼益處。」惠能大師又說了一首偈語：「兀兀不修善，騰騰不造惡。寂寂斷見聞，蕩蕩心無著。」

惠能大師說偈語後，端坐到半夜三更，忽然對弟子們說：「我走了。」然後溘然而逝。

當時屋內忽然滿生香氣，天有白虹連到大地，照得樹林裡一片潔白，禽獸發出哀鳴為大師送行。

十一月，廣、韶、新三郡官僚，洎❶門人僧俗，爭迎真身，莫、訣所之，乃焚香禱曰：「香煙指處，師所歸焉。」

時香煙直貫曹溪。

十一月十三日，遷神龕並所傳衣缽而回。

次年七月二十五日出龕，弟子方辯以香泥上之。

門人怡念取首之記，遂先以鐵葉漆布，固護師頸入塔。忽於塔內白光出現，直上沖天，三日始散。

韶州奏聞，奉敕立碑，紀師道行。師，春秋七十有六，年二十四傳衣，三十九祝髮❷，說法利生三十七載，得旨嗣法者四十三人。悟道超凡者，莫知其數。達摩所傳信衣，中宗賜磨衲寶缽，及方辯塑師真相並道具等，主塔侍者屍之，永鎮寶林道場。流傳《壇經》，以顯宗旨，興隆三寶，普利群生者。

【注釋】

❶洎：通「及」。

❷祝髮：剃髮出家。後世通稱佛教的削髮受戒為僧叫「祝髮」。

【譯文】

十一月，廣州、韶州、新州三州官員僚屬，以及門徒和僧俗兩界的許多人，爭著要把惠能大師真身迎回本地，爭執不下，正在無法做出決定時，於是燒香祈禱說：「香煙飄動指向的地方，就是大師願意歸去的所在。」

當時，香煙直接指向曹溪山。

十一月十三日，弟子們把裝有大師遺體的神龕和大師留下的衣缽等物，都遷回了曹溪山寶林寺供養。

第二年七月二十五日，把大師從神龕中請出，弟子方辯用香泥塗抹其遺體。

門徒們想起大師曾有將被偷掉頭顱的預言，就先用鐵做的葉片和油漆了的布，把大師的頭顱包裹好，再送入佛塔。遺體放入墓塔時，塔內忽然射出白光，從塔內直接沖到天上，過了三天才消失。

韶州刺史將惠能大師的事蹟向朝廷上表奏聞，接到聖旨為惠能大師立碑，記錄大師道行。惠能大師在世七十六年，二十四歲時接受弘忍大師衣鉢、佛法，三十九歲時正式落髮出家。講說佛法，普度眾生，前後三十七年。得到惠能大師真傳並繼承下來的弟子，一共四十三人。受大師影響而領悟佛道解脫生死的人，不知其數。達摩所傳作為信物的袈裟，唐中宗所賜磨衲袈裟與水晶鉢盂，以及方辯塑造的大師真像，還有大師用過的法物等，都在塔內由管理塔的侍者負責保管，永鎮寶林寺。廣為傳佈的《法寶壇經》，顯示頓教的宗旨，這都是為了興隆佛、法、僧三寶，使眾生永遠獲得利益的偉大貢獻。

結語

《六祖壇經》作為佛教禪宗的奠基性經典之一，禪宗就是大乘佛教的一支宗派，是由天竺禪師菩提達摩傳入中土的，內涵是參禪、明心見性、頓悟成佛……等等，它在宗教與哲學思想史上佔據著舉足輕重的地位。這部著作不僅系統地闡述了慧能大師關於禪宗修行、覺悟與解脫的深邃理念，更是以其獨樹一幟的「頓悟」學說，打破了傳統佛教中「漸修」的修行模式，為無數渴望解脫與覺悟的眾生指明了一條更為直接且富有智慧的修行之路。

一、直指人心，見性成佛

《六祖壇經》開篇便振聾發聵地提出了「直指人心，見性成佛」的宏偉理念。

這一理念猶如一盞明燈，照亮了無數修行者在黑暗中徘徊的心靈。在慧能大師看來，佛性並非遠離我們，而是潛藏在每個人的內心深處，只要我們能夠洞察自心，明心見性，便能瞬間覺悟，成就佛果。

這一思想不僅打破了傳統佛教對於修行者身份、地位、性別等方面的種種限制，更是極大地提升了普通信眾修行的信心和勇氣。它告訴我們，不論我們身處何種境遇，無論我們擁有怎樣的身份，只要我們願意去探尋內心的世界，都有可能實現自我覺悟，成就佛果。這種平等性和普世性，使得禪宗思想具有了更為廣泛的社會基礎和影響力。

二、定慧雙修，解脫自在

在《六祖壇經》中，慧能大師反復強調「定慧雙修」的重要性。「定，是指內心的平靜與專注」；「慧，則是指智慧與覺悟」。大師認為，只有當我們同時修煉定力和智慧力時，才能真正實現內心的解脫與自在。

定力是我們在紛繁複雜的世界中保持內心平靜與專注的能力。通過修煉定力，我們能夠抵禦外界的干擾和誘惑，保持內心的清淨與明澈。智慧力則是我們洞察事物真相、實現自我覺悟的能力。通過修煉智慧力，我們能夠打破無明和妄念的束縛，洞悉世間萬物的本質和規律。

定慧雙修的過程並非一蹴而就的。它需要我們持之以恆地修煉和實踐。在這個過程中，我們可能會遇到各種困難和挑戰，但只要我們堅定信念、勇往直前，就一定能夠實現內心的解脫與自在。

三、頓悟成佛，超越次第

《六祖壇經》中的「頓悟成佛」學說，是禪宗思想的核心之一。這一學說認為，修行者不必經過長時間的漸修和次第進階，而是可以通過瞬間的頓悟來實現自我覺悟和成就佛果。

這種「頓悟」的修行方式，打破了傳統佛教中「漸修」的模式和次第限制。它告訴我們，每個人的內心都蘊藏著無盡的智慧和佛性，只要我們願意去探尋和挖掘，就能夠實現自我覺悟。這種頓悟的方式不僅大大縮短了修行的時間成本，更是提高了修行的效率和品質。

當然，「頓悟」並不意味著不需要修行和努力。相反，它更需要我們具備堅定的信念、深厚的定力以及敏銳的洞察力。只有這樣，我們才能在瞬間洞察事物的真相，實現自我覺悟和成就佛果。

四、不立文字，教外別傳

《六祖壇經》中的「不立文字，教外別傳」思想，也是禪宗的一大特色。慧能大師認為，真正的佛法並非文字所能表達和承載的，而是需要通過師徒之間心傳心的方式來領悟和傳承。

這種「不立文字」的修行方式，強調了修行者內心體驗和實踐的重要性。它告訴我們，真正的佛法並非死板教條和文字遊戲，而是需要我們通過親身體驗和實踐來領悟和把握的。只有這樣，我們才能真正領略到佛法的精髓和奧妙。

同時，「教外別傳」也體現了禪宗對於傳統佛教教義和形式的超越和創新。它打破了傳統佛教中對於教義和形式的依賴和束縛，為禪宗的發展注入了新的活力和動力。

五、無相無住，自在解脫

在《六祖壇經》中，「無相無住」的思想被反復強調。慧能大師認為，真正的修行者應該超越一切外相和執著，達到「無相無住」的境界。「無相」是指超越一切有形的外相和境界，不被外界的現象所迷惑和束縛；「無住」則是指不執著於任何固定的狀態和觀念，保持內心的空靈和自在。只有當我們達到這種「無相無住」的境界時，才能真正實現內心的解脫與自在。

這種「無相無住」的思想不僅是對修行者內心境界的一種要求，更是對修行者生活方式和態度的一種指導。它告訴我們，應該超越一切外在的束縛和執著，追求內心的平靜與自由。只有這樣，我們才能真正實現自我價值和生命的真諦。

六、應無所住而生其心

「應無所住而生其心」是《六祖壇經》中的一句至理名言。這句話的意思是——我們應該擺脫一切執著和分別心，讓內心保持一種空靈、明澈的狀態。在這種狀態下，我們的本心將自然顯現，我們也將獲得真正的解脫和自由。

這句話不僅是對修行者的一種指導，更是對所有人生活態度的一種啟示。在現代社會中，人們往往被各種物質和欲望所束縛，失去了內心的平靜和自由。如果我們能夠學會放下執著和分別心，保持一顆空靈的心，那麼我們將能夠更好地應對生活中的種種挑戰和困境。

總而言之，《六祖壇經》作為禪宗的經典之作，不僅為我們提供了豐富的修行資源和寶貴的智慧指引，更以其獨特的思想體系和修行方式，引領我們走向內心的解脫與自在。在未來的人生道上，秉承著慧能大師的教誨，深入探索內心的世界，努力提升自己的定力和智慧力。同時，也將積極踐行「直指人心、見性成佛」的理念，為實現自我覺悟和證悟佛果而建立正確的宇宙觀、生命觀、人生觀以及面對逆境，自我突破的美好人生。

〈全書終〉

國家圖書館出版品預行編目資料

六祖壇經／〔唐〕六祖惠能 著 --初版--新北市：
新潮社文化事業有限公司，2025.06
面；　公分
ISBN　978-986-316-941-3（平裝）

1.CST：六祖壇經　2. CST：注釋

226.62　　114004314

六祖壇經

〔唐〕六祖惠能／著

【策　劃】林郁
【企　劃】天蠍座文創
【出　版】新潮社文化事業有限公司
電話：(02) 8666-5711
傳真：(02) 8666-5833
E-mail：service@xcsbook.com.tw

【總經銷】創智文化有限公司
新北市土城區忠承路 89 號 6F（永寧科技園區）
電話：(02) 2268-3489
傳真：(02) 2269-6560

印前作業　菩薩蠻數位文化有限公司
東豪印刷事業有限公司
福霖印刷企業有限公司

初　　版　2025 年 08 月